匠心的逻辑

罗争玉 著

中国文联出版社

图书在版编目（CIP）数据

匠心的逻辑 / 罗争玉著 . ——北京：中国文联出版社，
2023.2
ISBN 978 - 7 - 5190 - 5072 - 6

Ⅰ.①匠... Ⅱ.①罗... Ⅲ.①职业道德 - 研究 - 中国
Ⅳ.①B822.9

中国国家版本馆CIP数据核字（2023）第009250号

匠心的逻辑

著　　者：罗争玉

责任编辑：张超琪　黄雪彬
责任校对：胡世勋
特约编辑：赵　荣　孟　哲
装帧设计：段映春
出版发行：中国文联出版社有限公司
社　　址：北京市朝阳区农展馆南里10号　邮编：100125
网　　址：http://www.clapnet.cn
电　　话：010 - 85923091（总编室）　010 - 85923058（编辑部）
　　　　　010 - 85923025（发行部）
经　　销：全国新华书店等
印　　刷：北京雅昌艺术印刷有限公司
开　　本：710毫米 × 1000毫米　1/16
印　　张：14.25
字　　数：160千字
版　　次：2023年2月第1版　2023年2月第1次印刷
书　　号：ISBN 978 - 7 - 5190 - 5072 - 6
定　　价：58.00元

目录

自序 ……… 1

引言 匠心 ……… 1

第一章 匠心之玉器 ……… 7
一 中华文明的象征 ……… 9
二 文字与文明 ……… 16
三 玉与文字 ……… 20
四 玉器与文明 ……… 23
五 有匠心才有未来 ……… 26

第二章 匠心之香熏 ……… 33
一 熏香与香料 ……… 35
二 香熏 ……… 39
三 青铜时代与青铜香熏 ……… 44
四 历史上著名的香熏器物 ……… 48
五 当代香熏 ……… 57

第三章 匠心之紫砂

一 陶器和瓷器 … 59
二 严格意义上的紫砂器具日臻完美 … 61
三 紫砂壶的自然品质 … 65
四 紫砂壶的文化气质 … 69
五 紫砂壶的未来 … 73

第四章 匠心之刀剑

一 武备与刀剑 … 76
二 刀剑与工具 … 81
三 历史的顶峰在中国 … 83
四 师吾长技已超吾 … 88
五 中国刀剑的人文精神 … 91

第五章 匠心之文房

一 中国文人梦 … 97
二 文人书斋梦 … 100
三 文人与书斋 … 103
四 文房清供与文玩 … 105
五 文玩与中国人的情趣 … 108
… 112
… 115
… 119

第六章 匠心与敬畏 ……123

一 敬畏与谦卑 ……125
二 敬畏与崇高 ……129
三 敬畏与民心 ……132
四 敬畏与技术 ……135
五 匠心与敬畏 ……138

第七章 匠心与敬业 ……141

一 敬业与信念 ……143
二 敬业与信仰 ……146
三 敬业与价值观 ……149
四 匠心与敬业 ……152

第八章 匠心与管理 ……155

一 管理与自律 ……157
二 管理与忠诚 ……160
三 管理与权力 ……164
四 管理与产权 ……168
五 匠心与管理 ……171

第九章 匠心与文明

一 匠心创造了人类文明 175
二 匠心发展了人类文明 177
三 匠心开创人类文明的未来 180
四 匠心与承载人类文明的组织 183
五 匠心与现代化 186

第十章 匠心与哲学 188

一 匠心与神 191
二 匠心与生命 193
三 匠心与艺术 196
四 匠心与哲学 200

结语 玉语匠心 203

207

自序

我的阅读比较广泛，大致可以分为三个阶段。

第一阶段是功利性阅读，指攻读各类学位阶段，大约十年时间。

第二阶段是工作性阅读，我在做博士后研究时选择了与工作相关的选题，我的阅读兴趣和研究兴趣转向文化产业、企业理论和管理哲学。这个时间也持续了十年左右，在此期间我出版了《文化事业的改革与发展》《企业的文化管理》《企业的智慧》等。

第三阶段是兴趣性阅读。最近十年，我的阅读和研究兴趣转向器物。由于它与自己的工作关联不大，跟以前的阅读和研究关联也不大，进入这个新的领域需要花不少时间，因此很长时间没有动笔写点什么。我的体会是，一个人只有有了一桶水的积累，才能写出一杯水的东西。我最担心的是做了点研究，自认为有点价值，可能并无新意。

近年来，我注意到中国经济飞速发展，但很多行业、很多企业、很多员工显示出不同程度的职业精神缺失的问题。如器物制作方面，我们曾经对于美的那种极致追求很难复现。这里面有多方面的原因，主要原因是过去手工业者往往被限定在固有的阶层里，他们的技艺经历时间的打磨或者几代人的传承发展而臻于至善,当代中国正处于高速变迁的时代,器物制作者不像他们的先辈那样专注,技艺也就难以沉淀。

职业精神是一种现代精神,在我看来,它与我们传统的匠人精神存在着相通之处。一方面,它与我们每个人相关。我们知道,艺术是为人民群众服务的,真正能在艺术史上留下痕迹的艺术家,每朝每代都寥寥可数,绝大多数艺术家,都已淹没在历史的长河之中。反倒是工匠们及其创造的器物,与每个人密切相关,一些技艺高超的匠人制作的器物,一点也不亚于艺术家的创作。那些在历史上没有留下姓名的伟大工匠们,他们为人类文明做出的贡献,并不亚于伟大的艺术家们。

另一方面,职业精神与匠人精神一样,是我们普通人都可以追求的品格和境界,可以确立为一种社会规范。过去的匠人们留下的不只是器物,也包括蕴含在器物背后的价值和精神,那种十年磨一剑的虔敬和耐心,正是当下社会所普遍缺失的。这也是笔者写作本书的初衷,从器物入手,从器物文化中寻求解决问题的良方。这样是否过于拔高了?我想这样的评价并不为过。其实,人类文明史多半是承载在器物文明之上的。历史是书写者的历史,过去的匠人们,即使是最伟大的工匠,由于社会地位不高,器物制作几乎不留姓名,各类著书立说者也很少为匠人立传。因此,本书将从器物入手,传播器物文化,为匠人立传,还原一条长期被忽略的文化与文明主线。

最后,回到本人过去的阅读与研究兴趣:文化产业、企业理论和管理哲学。文化产业和文化企业,就是提供文化产品和文化服务的产业和企业。产业和企业都需要管理,古今中外的管理问题,都聚焦于一点——让人的精神获得满足，从而创造更有价值的产品和服务。从这个角度而言，从器物入手，寻找背后的价值和精神，其实也是探究管理文化的过程。

本书的结构，大体分上下两大篇：上篇，谈匠心之器物，器物选择了玉器、香熏、紫砂、刀剑、文房等五类；下篇，谈匠心与敬畏、与敬业、与管理、与文明、与哲学。希望大家能在感性的鉴赏之余，获得更多理性的思考。

本书提供了诸多精美器物、建筑等图片，部分作了简单的图注，并未深入说明这些器物、建筑等的匠心之处，诸君可各自品味。

在中华文明史中，器物文化应该得到更多的重视。要想真正了解中华文化，一定要先了解中国的器物，了解伟大的中国工匠，了解工匠们的独具匠心。

这何尝不是我的匠心！

引言

匠心

长信宫灯

西汉长信宫灯,1968年河北满城汉墓出土。宫灯高48厘米,重15.85公斤,因灯身上刻有「长信」而得名。现藏于河北博物院。

宫灯表面鎏金,头部、身躯、灯罩等六个部分分开铸造,至今仍可拆卸自如,挪动和清洗都比较方便。宫灯灯光差不多与人坐着时的视线同高,这符合当时人们席地而坐的习惯。灯罩由两块活动的圆弧形铜板组成,方便调节灯光的照射方向和亮度。宫灯体内是中空的,燃烧产生的烟尘通过中空的右臂沉淀于灯的体内,不会大量飘散到空气中。

长信宫灯设计巧妙合理,特别是其环保理念,极大地体现了古代中国匠人的智慧和匠心。北京冬奥会火炬接力火种灯的创意就源于「中华第一灯」——西汉长信宫灯。不只取其造型,还取意其名「长信」,表现了今人的匠心。

引言 匠心

在世界文明史面前，中国最引以为自豪的就是中华五千年的文明从未中断过。虽然其间也经历过少数民族统治的阶段，例如辽、金、元、清等王朝，王朝的更替往往是残酷的、血腥的，期间甚至会出现文化的倒退，但中华文明却总以其先进性和包容性，在多元融合中生生不息。

无论政治上经历过怎样的被征服，抑或在文化上显示出怎样的倒退，但中华文明总有一个繁盛、庞大的基础，即物质文明托底，显示着勃勃生机。这些由广大劳动人民创造的，与世俗生活方方面面有着密切关系的物质文明，并不因政权的更替立马发生颠覆性的变化。这表现在留存器物的鉴定方面，我们经常听到一件器物是元末明初、明末清初、晚清民国的断代，无法明断即证明了它们在政权更替背景下作为世俗空间的自足。

在这样一个世俗空间中，物质文明的创造，主要是由匠人来完成的。在中国传统社会，中国的史书是由掌握话语权的统治阶级和为统治阶级服务的知识分子书写的，而作为"士农工商"中"工"的存在，匠人们长久地被限定在社会的底层，他们只能将生命痕迹留刻在器物上，却无法享有声名。工匠在中国历史中有着庞大的基数，但他们的名字几乎都被排斥在浩瀚的历史典籍之外。

人生非金石，岂能长寿考。在时间面前，器物往往比人的生命更接近于永恒。我常常在面对着一件件有幸流传于世的器物时，想象在历史上是一个或一群怎样面貌的人与之发生了生命关联。正是

圆琢白器五采绘画摹仿西洋故曰洋采须选素习绘事高手将各种颜料研细调合以白瓷片画染烧试必熟谙颜料火候之性始可由粗及细熟中生巧总以眼明心细手准为佳所用颜料与法琅色同其调色之法有三一用芸香油一用胶水一用清水盖油色便于渲染胶水所调便于搨抹而清水之色便于堆填也画时有就案者有手持者亦有眠侧于低处者各因器之大小以就运笔之便

《陶冶图》（局部）　孙祜、周鲲、丁观鹏绘　唐英配文　清代

引言 匠心

这样一个真实存在又集体失声的群体,以他们的躯体和匠心,为我们呈现了中华文明光华灿烂、可供触摸的一面。

在中国历史上,时有贬低匠人的情况。其实文化不只是读书人的事,审美也不只是艺术家的事。明末清初文人张岱,爱物情深,在《吴中绝技》一文中提到了许多能工巧匠的名字,说他们"俱可上下百年保无敌手","但其良工苦心,亦技艺之能事"。当匠人们将一项技艺重复成百上千次,形成了肌肉和精神上的记忆,进而如庖丁解牛一般,到达了神乎其技、存乎一心的境界,"盖技也而进乎道矣"。这难道不是与艺术家们的追求存在着相通之处吗?

因此,匠人精神绝不等同于简单重复,而是有着更高的追求。在今天这样一个普遍以机械替代手工的社会,重提"匠心"仍然极有意义。我们不能只将物质文明等同于机械生产,忽视了物质文明中存在更高的标准,有着更高的追求。我们必须珍视为中华文明做出巨大贡献的伟大的工匠们,为中国匠人正名,向匠心致敬!

当下这个时代,可能是中华民族文明史上匠人们社会地位和经济地位非常高的时期,但凡有名气、有实力的工匠均可以在器物上留下自己的大名。有针对匠人各种职称、各种荣誉的评选机制,有各行各业的工艺大师,还有各行各业的技艺传承人。可以说,当下这个时代是创造辉煌物质文明的中国匠人们最好的时代。

我们不否认当下是一个大师辈出的时代,但我们也应看到社会上对各行各业大师的非议越来越多,特别是喜欢拿当代的大师和前辈的大师相比。是评价标准的问题还是大师自身的问题?是文人相轻的问题还是当代大师们名不符实的问题?我希望拙著能为这些问题提供一种思考的角度。

第一章

匠心之玉器

战国晚期到汉初玉璜

玉璜，为玉之六礼器之一。玉璜在古时候有其特定用途，多用作于『祈雨』。玉璜形如彩虹，彩虹多形成于雨后，这样的设计可见古人制作玉璜的匠心了。

除了作为礼器，在良渚文化和其他文化中，玉璜还是一种礼仪挂饰。古代巫师在进行宗教礼仪活动时，为了突显其身份的神秘感，会佩戴以玉璜、玉管、玉串组合而成的玉配饰。

此玉璜为战国晚期到汉代初期之物，基本上传承了战国时期玉璜的基本特点。此玉璜为半瑗形制，呈半圆弧状，两端齐平，地子平整，表面雕琢谷纹，颗粒饱满，雕线规整自然。璜周围为凸弦纹边阑，中间打孔，正在平衡点上，可供穿系。该玉璜表面灰皮自然，光气老到，是一件难得的战汉玉器精品。

一、中华文明的象征

在中国文化文明史上，最有代表性的器物无疑是玉器。玉器具有神圣性，中国人对玉崇拜、信仰和喜爱的时间之长、程度之深、民众之广，似乎都是无与伦比的。把玉当成中华文明的象征，一点也不为过。或许是文化的差异，中国人对玉的痴爱，外国人是难以完全理解的。

人类文明的形成，国际上一般认为有三大标准：文字、青铜器（冶金术）和城市。我们讲五千年的中华文明，依据主要是中国史书的记载和古城址、青铜器、甲骨文的发掘。

过去，我们认为中国最早的文字是商代的甲骨文，这个大约距今有3500年。后来考古工作者在河南登封的夏代遗址中发掘出东、西两座小城。依据这个考古发现，中华民族4000年的文明史就没有什么争议。按《史记》记载，中华文明史约有5000年之久。

一些外国学者基于上述一般人类文明形成的三大标准，对中华文明的前1000年存有疑问。而我国有学者一直质疑这三大标准不合理、不科学。

从全球人类文明史来看，这三大标准目前应该是被广泛认同的。按照这三大标准，大家一致认为地球上最早出现的文明是由苏美尔

匠心的逻辑

碧玉C形龙（玉猪龙）　红山文化　中国国家博物馆藏

第一章　匠心之玉器

玉琮　良渚文化　浙江省博物馆藏

人创造的，他们居住于亚洲西南部幼发拉底河和底格里斯河之间的"美索不达米亚"，这一文明大约有6000—7000年的历史，考古发掘中发现了多处城邦遗址、大量刻有文字的石板及青铜武器和器皿等。有了这三大标志，可以公认进入了人类文明时期。但对世界几大原生文明进行分析，可以发现它们并非都符合三大标准。如中美洲的玛雅文明未发现金属器具，南美洲的印加文明尚未发现文字。

对于中国的文明，我们应该也有一个类似的认证体系，即文明出现的标志应该是对文明发展水平的整体考察。最近发布的中华文明探源工程研究成果是这方面的重大突破。下一步就是要加强与国际学界的交流，形成全球共识。除了中华文明探源工程提出的方案，还要强化器物作为文明发展水平的表征物、参照物。基于此，我认为，中国玉器的出现可以作为中华文明形成的标志。或许这一认证体系是中国独具的，但却是合理的。

中国有学者将中国的历史作了这样的分期：旧石器时代、新石器时代、玉器时代、青铜时代、铁器时代。当然，新、旧石器时代，玉器时代、青铜时代和铁器时代间，会有交叉和重叠的部分。这种划分是以人类主要使用的器物来划分的。有意思的是，新时代取代旧时代之后，旧时代的主要器物就会逐步退出历史舞台，但玉器却没有。它一直与中华文明相伴随行，具有其他器物难以比肩的连续性和代表性。

第一章 匠心之玉器

《古玉图考》（上）《恒轩所见所藏吉金录》（下） 清代 吴大澂 比德艺术馆藏

《周礼》：以苍璧礼天，以黄琮礼地，以青圭礼东方，以赤璋礼南方，以白琥礼西方，以玄璜礼北方。下图玉璧、玉琮、玉圭、玉璋、玉琥、玉璜即为玉之六器。

玉璧　战国　上海博物馆藏

玉琮　商周　金沙遗址博物馆藏

第一章　匠心之玉器

玉圭　商周　金沙遗址博物馆藏

玉璋　商周　三星堆博物馆藏

玉琥　秦代　西安博物院藏

玉璜　春秋　上海博物馆藏

二、文字与文明

在考古学中，文化和文明的定义相对严格，与我们日常说的文化和文明的概念有区别。按照国际上的文明"三大标准"说，考古学上的文化是指尚未发明文字，社会总体发展水平还比较低的时期，属于新石器时代，有别于旧石器时代。文明则是指发明文字以后的时期，另外参照的标准还有城市和青铜器等。城市是社会组织发展的参照系，青铜器是人类冶金技术的参照系，文字则是文化发展的参照系。

人类先有语言，后有文字。文字是记录语言的，文字的发明不是突然发生的，其前身是一些刻画符号。二者的区别在于文字对数量有要求，组合在一起能够表意，即必须有成体系的符号才能发展为文字。河南殷墟甲骨文是我国已知的最早形成体系的古老文字。如果按照"三大标准"说，商代是进入"国际标准"意义上的中华文明时代。

距今约六千年的北方红山文化，距今约五千多年的南方良渚文化，都很灿烂辉煌。由出土器物推测这二者当时的生产力发展水平、社会组织发展水平、文化发展水平与美索不达米亚等文明相比丝毫不逊色。红山文化和良渚文化，既各有特色，自现精彩，又与中国

第一章　匠心之玉器

卜骨刻辞　商代　中国国家博物馆藏

青铜静簋及铭文拓片（局部）　西周　美国纽约大都会博物馆藏

《康居王使者册》木简　　汉代　甘肃简牍博物馆藏

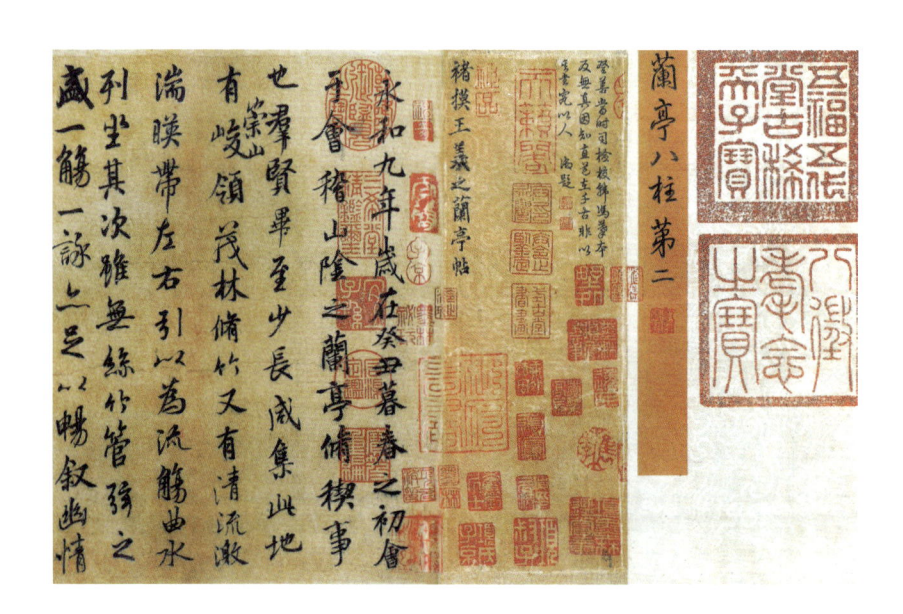

王羲之《兰亭序》（局部）　　唐代　褚遂良摹

这一时期之后公认的文明史非常自然地连成一体，为中华文明多元一体格局奠定了基础。所有这些遗存，足以让我们为那个时期祖先所创造的文明感到自豪。

过去，我们将红山文化、良渚文化划分在了与仰韶文化一样的文化范畴而不是文明的范畴。之所以作这样的划分，是因为我们在这两大考古发掘中没有发现文字。

我们应当承认，人类历史中文化与文明的划分虽然是人为的，但它是一种公认标准，是以考古学相关理论为依据的学术规范，如果没有规范，所有的比较将失去意义。但在统一的规范之下，我们应该站在文明本质的角度来思考，基于本质，我们可以形成一个新的观点：玉器是中华文明独具的标志。与文字的发明、金属工具的出现和国家的形成相比，玉器可以看成一个独特的标志，这主要是从玉器诞生起所代表的社会生产力、社会组织、社会文化的发展水平来考量的。

中华文明探源工程认为，文明社会的标准一是生产力发展，人口增加，出现城市；二是社会分工和社会分化不断加剧，出现阶级；三是权力不断强化，出现王权和国家。玉器标准和中华文明探源工程提出的文明社会的标准是一致的，但角度不同，更简单直观。

三、玉与文字

人和动物的区别在于，人会制造和使用工具，有自己的语言和文字。可能一些动物也有自己的语言，但人类无法理解。对于人类而言，只有把语言变成了文字，人才可能成为社会化的人，人类的文化才能记载、传承。我相信人类在很长时间里没有语言，早期的交流可能是借助于肢体语言、声音和表情。人类早期简单的发音因支离破碎，而无法系统表达，可能与动物的区别不大。经过长期的生活实践，才逐渐发展丰富，形成了初步的语言。随着语言的丰富、文字的出现、思想的形成，人类上升到一个高级的阶段，成为社会化的人。

从考古发掘来看，玉器最早的阶段是神玉阶段。这一阶段，人类进入了一个全新的历史发展时期，人口数量大增，开始聚集居住，分工合作，形成社会体系，出现早期城市。我相信发展到这一阶段，一定有语言甚至文字作媒介，否则代表较高思想文化发展水平的"神玉"不太可能出现。

从目前考古发掘来看，中国早期比较系统的文字是刻在甲骨上的占卜辞，主要发现于殷墟。甲骨由有机质和钙质组成，埋藏后由于缺少氧气，减缓了腐烂分解的速度，有利于保存。至于我们目前推测的夏文明发祥地，属黄河中下游地段，历史上黄河因洪涝曾多

第一章　匠心之玉器

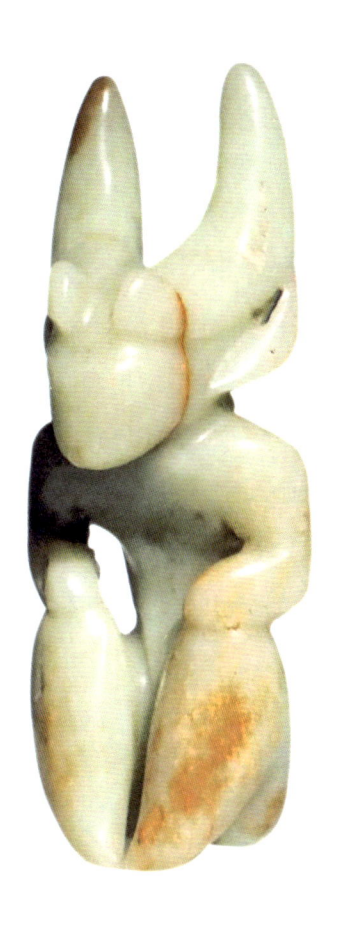

玉巫人　红山文化　故宫博物院藏

次改道，当年的文明中心地可能湮没在黄河泛滥区之下，在很长时间的考古发掘中，找不到文字的实物也属正常。然而《左传》《国语》等多处引用《夏书》，说明夏应已有文字和典籍，笔者相信，未来的考古发掘会证明这一观点。笔者提出玉器可以作为中华文明出现的标志，一方面是基于神玉时代的经济发展水平、社会组织发展水平及语言文字、宗教艺术发展水平，与国际上公认的其他人类早期文明相比不相上下，甚至更高；另一方面则是因为神玉本身蕴含着与文字的联系。

  基于人们对玉的信仰，中国先人在造字过程中，对玉有特别的热爱。"玉"字本身是我国最古老的文字之一，被赋予了美好、高尚的内涵。古人在造字过程中，常用到"玉"，据统计，在常用汉字中，从玉的字近500个，而用玉组的词更是不计其数，表记珍宝的汉字中很多都与玉有关。在古代诗文中，常用玉来比喻和形容一切美好的人或事物。古人说"玉入其国则为国之重器，玉入其家则为传世之宝"，足可见"玉"在中华文明史中不可替代的价值。

"太上皇帝"白玉圆玺　　清代　北京保利2011年秋季艺术品拍卖会拍品

四、玉器与文明

前一节提到基于对早期玉器工艺和功能的考量,可以将玉器时代定义为文明时代。当然,如果基于对共同标准的考量,玉器时代可以作为文化与文明的复合时代,以与新石器时代相区分,又与进入夏商周三代文明时期相区分。之所以这样讲,是因为新石器时代打磨石器,主要是作为生产生活工具使用,而玉器作为磨制的石器,加工难度要大得多,如果没有玉匠们的匠心与技艺,是不可能完成的。更重要的是那个时代的玉器,除了极少量作为生产生活工具使用,更多的是作为政治、宗教层面的器物。王国维曾说"古者行礼以玉",玉作为重要的礼器,是早期中华文明独特的象征物。

中国自古被称为礼仪之邦,礼仪是文明的核心。人类作为社会化的人,社会组织形成时必须要有礼仪,礼仪的核心是礼制和礼器。礼仪要靠语言文字来记载和传承,礼器在祭祀、朝聘、宴享等政治性、宗教性活动中使用时,发挥重要的功能。礼器出现时,语言、文字、城市及金属工具也相应会出现。

中国良渚文化的玉器,技艺精湛,数量庞大,其制作要经过采矿、设计、切割、打磨、钻孔、雕刻和抛光等多道工序。制作如此数目繁多而造型精美的玉器,没有专门化的手工业生产是不可能的。

匠心的逻辑

玉琮　良渚文化　中国国家博物馆藏

而且良渚文化发现的玉器展现了一个以琮为中心的玉礼器系统，这说明当时的社会背景应是神权国家，或者是王权、军权和神权结合的国家。笔者认为，从象征人类进入文明时代的器物角度而言，玉器的重要性、标志性，以及制作难度，不亚于青铜器。而且，神玉时代一定伴随着政权的存在，这时的政权应该是高于部落的、稳定的、独立的政治实体，其时的礼仪、宗教、文化等也进入到一个全新的发展阶段。

玉鱼　西周　比德艺术馆藏

五、有匠心才有未来

中国玉器的发展，已有七八千年的历史，大致经过神玉、礼玉、艺术玉和生活玉几个发展阶段。

笔者在前一节中已提到了中国在新石器时代和青铜时代之间存在着一个玉器时代，这是中国文明的起源时代。"石之美者为玉"，这正是人类早期对玉的认识。后来，随着经验积累和技艺提升，人类在识玉、用玉方面形成了真玉、非真玉的界定。作为真玉的和田玉与中国文明的发生、发展密不可分。早在新石器时代，昆仑山下的先民们就发现了和田玉，并作为瑰宝向东运送，开拓出了"玉石之路"，这就是后来的"丝绸之路"的前身。

从神玉阶段开始，特别是在礼玉阶段，中国的先哲们特别是儒学家，赋予了玉"德"的内涵。玉有十一德、九德、五德之说，这种寓德于玉、以玉比德的观念把玉和德结为一体，形成独特的中国玉文化，成为中华文明的独特标识。以玉文化为代表的中华文明延续时间之长、范围之广泛、内容之丰富、影响之深远，是许多其他文化和文明难以比拟的。

中国历史上的玉器制造和玉文化发展，虽然有起有落，有高潮有

第一章　匠心之玉器

重环谷纹玉璧　战国　上海博物馆藏

兽面纹黄玉带钩　战国　孔子博物馆藏

匠心的逻辑

玉辟邪　东汉　台北故宫博物院藏

低谷，但总体来讲源远流长，灿烂辉煌。

如今，玉器行业进入了一个非常尴尬的时期：一是玉器原材料出产地越来越多，而舆论则宣称原料紧张，优质的原料越来越少，几近枯竭；二是俄料、青海料的大量出产，导致良莠不齐，市场上的玉器非常多，各种材质、各种题材的都有，但材质好、工艺好的不多；三是各类玉材越来越多，特别是翡翠（被称为硬玉，和田玉由此被称为软玉）的出现，大大抢了和田玉的风头；四是市场上优质材料涨成了天价，很多优质的原材料不敢加工，一旦加工成成品，价格可能比原材料还要低，只要动工就贬值；五是低端仿古做旧，各种毫无价值的低劣仿品充斥各大古玩旧货市场。

过去一件玉雕作品可能需要一个玉雕师花费几个月甚至几年的时间，所以流传下来的真古玉非常罕见。中国考古发掘器物和各种传世器物中，最多的是陶器（唐以后还有瓷器）、青铜器，相比之下，玉器的数量是最少的，各大博物馆陈设器物中陶器和青铜器都远远多于玉器也印证了这一点。造成这一事实的原因除了玉器本身具有神圣性，还因为玉器的原材料获取难、加工难、工效低。这也导致真正的古玉价值和价格都比较高。

随着现代工业技术的发展，特别是电动机械工具的使用，雕刻的效率大大提升。当今，一般的玉雕作品几天时间就可以完成，一些体量小、做工不复杂的作品甚至几个小时就能加工完成，体量大、设计精巧、工艺复杂的作品可能加工时间会稍长一点。

由于开采技术的提升，新的玉石产地的发现，优质玉材的获得相比过去容易很多。基于技术的改进和玉材质地评估标准的优化，关于未来玉器的价值评价，也就形成了两派之争：一派是技艺派，认为

匠心的逻辑

青海青玉《梦回水乡》　蒋喜作品

玉雕技艺在玉雕作品中占主导地位；一派是材质派，认为现代加工技术的进步导致工艺在玉雕中所占的价值比重大大下降。

笔者认为，随着加工技术的提升和优质玉材资源的涌现，一件好的玉雕作品，材质是基础，技艺是关键。加工技术的改进只是提升了效率，最好的玉雕工具仍然是玉雕艺人手和脑的延伸，审美、设计、创意，仍然蕴含在玉雕师的匠心里，工艺仍然掌握在玉雕师的手里。

当下和未来，要创造一件优秀的玉雕作品，首先需要好材质，或者有特色的材质，然后就是富有匠心的设计和工艺。玉雕首先是绘画艺术，其次才是雕刻技术，艺与技是相辅相成的。玉雕行业的匠心，是艺与技的完美结合，更是技艺与生命灵魂的结合。

在我看来，玉雕之匠心是一位玉雕师的灵魂，是对艺与技持之以

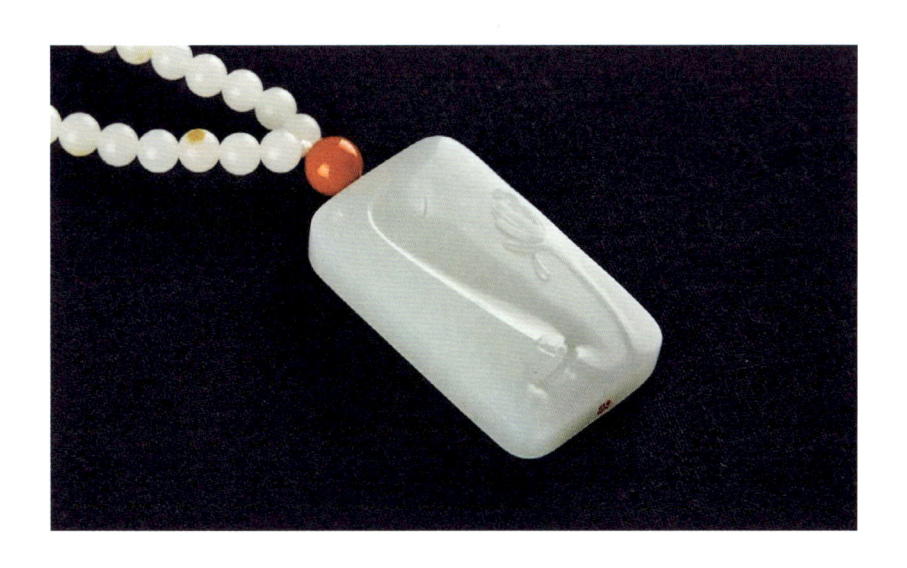

新疆和田白玉《观音》　　王一卜作品

恒且发自内心的追求。作为一名玉雕师，动手的技能是基础，这需要经过刻苦训练，需要玉雕师傅的每一个动作都用心完成。否则，纵有匠心的创意也无法呈现出来。有了技能做支撑，玉雕师才能更好地发挥出自己的审美、创意和设计能力，去追求艺术的至臻境界。

现在的社会比较浮躁，有些玉雕师往往技能还没过关，就开始急于表达自己。没有过硬的技能做支撑，艺术表达就难以到位。对于玉雕师而言，无论是缺乏过硬的技能而空谈艺术，还是掌握了技能却缺乏艺术创新，都永远不可能成为一个优秀玉雕师。

生命有限，匠心永恒，匠心创造未来。

第二章

匠心之香薰

汉代青铜香熏

战国以来，持续发展的香熏文化与当时流行的升仙信仰相结合，创造了博山炉。炉体一般呈豆形，上有盖，盖高而尖，山形镂空，其间饰云气、人物、鸟兽等纹饰。

这件汉代青铜博山炉比较特别，其盖扁平化，装饰蟠螭纹，其上的提钮是凤鸟，炉身圆鼓且深。炉腹较深，其内的炭火会因通风不畅而保持较好的阴燃状态，较好地满足了香料的发烟需求；扁平化的盖使香料烟气流动更加畅通，轻烟飘出，容易形成仙气十足的效果，那凤鸟如同在云雾中飞天，香料的气味也能迅速布满整个房间。

这件香熏看起来简约，但设计巧妙，造型大气，线条流畅，生动地诠释了西汉鼎盛时期能工巧匠们匠心的设计能力和高超的制作工艺，是汉代青铜博山炉中的上乘之作。

一、熏香与香料

熏，本义是一个动词，熏烤之意。薰，原是一种香草，或指香气，亦通"熏"。在汉以前，可能二者是通用的。同"熏"的还有"燻"，但不如"熏"常用。本书采用当下通用字"熏"。

熏香，是指燃烧熏烤香草或香料的行为。香熏这种器物，是在熏香过程中发展起来的，其形制的变化和使用的广泛程度在一定程度上与香料的生产、制作和供应有关。

自从人类认识香料以来，香料成了与人类生产生活密切相关的用品，或供奉神灵，或修身养性，或治病驱邪，或调剂口味……香料主要分天然香料和人工合成香料。天然香料又分为动物性香料和植物性香料，植物性香料占主导。据统计，在世界香料市场上，大宗交易的天然植物香料约有150种，如沉香、檀香、丁香、玫瑰香、茉莉香、龙脑香等，而动物香料则只有十几种，如大家熟悉的麝香、龙涎香等，自古以来就十分珍贵。

中国香文化起源甚早。新石器晚期古人就以燃烧木柴和其他祭品的方式来祭祀天地诸神，称为"燎祭"，我们的祖先可能在燃烧木柴的过程中发现了芳香木料。只不过当时华夏文明的中心地带气候温凉，芳香植物不丰富。但先秦古籍和诸子百家许多著作中都有使

匠心的逻辑

山西省芮城县永乐宫壁画中的香熏　元代

用芳香植物的记载，其中以《楚辞》为最多，因为楚地位置偏南，芳香植物的种类更多一些。现在从全球范围来看，芳香类植物主要集中在热带、亚热带地区。

总体来说，从古至今，中国本土的香料，无论是植物香料还是动物香料，都是比较贫乏的，与中国香文化的盛行并不相称。中国香文化的盛行，主要是在各种香料大规模引进之后。香料的引进和使用情况，有以下几个大的时间节点，它们决定了中国香料使用的历史格局。

战汉以前，中国的香料主要来源于西域。由于路途遥远，交通不便，输入有限，熏香者应该只限于贵族豪富之家。这从考古挖掘中可以得到佐证，只有在少数贵族大墓中才能看到香熏。

战汉时期，中国的疆域向南延伸。秦灭亡后，秦国大将赵佗在岭南地区建立了南越国。此地的人较早地形成了熏香的习惯，这一方面因为本地的香料植物比较丰富，另一方面则因为岭南地区便于从南洋引进香料。在南越王墓中发掘出土了5件精美的四连体铜熏炉，可以燃烧四种不同的香料。这时的香料应该还没有大规模进入中原地区，直到汉武帝派兵平定了南越国，原先流行于南越国的沉香、檀香、龙脑香等香料才开始传入中原地区。

从唐代中后期开始，海上丝绸之路逐渐取代了陆上丝绸之路，成为中外贸易的主要通道，中外贸易的发展使得数量更多的香料进入中国。宋代海上香料贸易更加发达，阿拉伯半岛盛产香料并热衷于制作、使用香料，是这一时期中国引进香料的主产地。唐宋时期，广州成了中国香料贸易的主要港口，是当时世界上最大的香料市场之一。据说香港的得名与香料有关，香港岛作为转运香料的集散港

湖田窑香熏　宋代　三清斋藏

而出了名,被人们称为"香港"。

明代是中国香料进口的高峰期。郑和下西洋,每次都会采购带回大量沿途各地所产之香料,除此以外,西洋各地向大明朝廷进贡香料的数量也不少。由于大明朝廷每次回赐礼物的价值要远远高于进贡香料的价值,致使明朝廷不堪重负,后来不得不限制进贡的频率和规模。为了"消化"数量庞大的香料贡品,明朝廷甚至出现过用香料充作官俸的情况,这从另一方面促进了熏香的推广。至清代,香料贸易有了一些新的变化。清前期,异域香料依旧以"进贡"的形式,源源不断地输入中国。清中期以后,欧洲商人和"十三行"商人联手垄断了香料贸易,这样,香料贸易逐步市场化了。

二、香熏

熏香是在对香料的认识和使用过程中逐步发展起来的。最初人们焚香主要是为供奉神明,后来才发展为人类自身使用,人们用它熏燃、悬佩,甚至食用、医用。

人类进入文明时代以来,帝王皇族、达官贵人、文人墨客乃至普通百姓对熏香都推崇有加,认为它不只是生活的需要,更是一种情趣的体现、品味的表达。熏香主要是通过熏燃的方式进行,熏燃的器具主要是香熏。香熏又称为香熏炉,有时也叫熏香炉,是居室、书斋、办公等场所熏香的主要器物。

考古发掘表明,战汉以前的主要发掘器物是陶器和青铜器,其实当时大量使用的应该还有木器,但木器不易保存,留存甚罕,难见到出土实物。这一时期,鲜有香熏出土,一方面是当时熏香可能并不流行,即便熏香,香料主要是草木本,可能不需要用香熏器物。

战汉时期,青铜香熏、陶香熏大量出土。这一时期已有铁制器物,所以当时大量使用的除了木器,应该还有铁器,由于铁器在地下易锈蚀,同样罕有留存。现在出土的战汉时期香熏主要以青铜器为主。虽然从青铜器的发展历史来看,青铜器可能从汉代逐步走向衰落,标志是汉代及以后鲜有青铜大器、重器出土或传世,但从香熏制

匠心的逻辑

青铜香熏　汉代　山西青铜博物馆藏

第二章 匠心之香熏

忍冬纹镂空五足银熏炉　唐代　陕西历史博物馆藏

作角度来看，汉代的青铜香熏可以被认为是中国香熏制作的第一个高峰。这可以从已发掘出的为数不少、制作精美、品级相当高的青铜香熏得以见证。战汉时期陶制香熏依然流行，陪葬冥器中亦可常见，只是与青铜香熏比，其精美度和品级要低很多。

魏晋南北朝起，中国进入瓷器时代，这个时期，开始出现大量瓷质香熏。隋唐时期，熏香活动进一步普及，各种材质的香熏，在唐代得到了继承和发展，在材质和形制上有多样式的创新。有意思的是，在这一时期，极精美、高品级的青铜香熏与汉代相比并不多见，这似乎与盛唐大气象不符，可能与汉代后青铜器走向衰落有关。

宋代，军事力量与汉唐相比有天壤之别。但宋代的经济与文化艺术却发展到了一个空前的高度。宋代迎来了中国瓷器发展史上的一次高峰，目前的宋瓷哪怕是瓷片都特别珍贵。由于瓷器整体的发展水平高，加上文化人士的参与，宋代形成了香熏制作的又一次高峰。此后，香熏便再无划时代的发展了。元明清时代，香熏和熏香已经走进了寻常百姓家。这一时期一些皇家用品和名匠制品，亦不乏精品。

香熏的艺术特点和时代风格，与使用者的审美情趣、经济实力和生活的时代相关。前面我们已谈到，早期香熏和香料多是奢侈品，宋代以前只有社会地位和经济地位高的人才有条件熏香，汉代与宋代的香熏多是用心之作，有很多精美杰作流传下来。宋代以后，特别是到了明清时代，熏香活动逐渐普及至百姓家，各种材质、各种形制的香熏大量涌现，因此存世的普通香熏甚多。

总体来讲，香熏在不同时期有不同的艺术风格，这种艺术风格与当时的主流审美是一致的。高超的香熏制作工艺会给使用者带来艺

第二章 匠心之香熏

术上的享受，经过时间的打磨和沉淀，历史上作为工艺品的香熏在当下已然成为艺术品，甚至成为具有时代特色的艺术品。历史上的青铜香熏鲜有完全雷同的，这也符合艺术品的独创性原则，这是香熏断代的主要依据。从香熏的发展历史来看，不同时代有不同时代主流的香熏器，同时期一定也会有各种材质、各种风格的香熏器。

花卉纹玉香熏　清代　中国国家博物馆藏

三、青铜时代与青铜香熏

中国历史上的器物，与玉器一样辉煌灿烂的是中国的青铜器。单纯从器物的角度而言，从对人类生存、发展贡献角度而言，使用最为广泛的当然是陶器、瓷器、木器和铁器。但从文明的形成与发展看，在中华文明史上最辉煌灿烂的器物，无疑是玉器和青铜器。

青铜时代，在考古学上是以青铜器大量使用为标志的一个阶段。我们在中国各大博物馆能见到最多的器物是陶器和青铜器，由于金属大都具有易锈蚀的特性，青铜器也是如此，因此，四千年前的青铜器遗存十分有限。青铜器的制造和使用高峰应当经过了一个较长的发展过程，这一过程应当叫铜玉并用时代，只是少量制造和使用青铜器，不能认定为青铜时代。

青铜时代处于铜玉并用时代之后、铁器时代之前，从世界范围内来看，大约是从公元前2000年至公元初，世界各地进入这一时代的年代有早有晚。青铜时代的青铜器在人们的生产、生活中占据重要地位，在宗教、礼仪、艺术、生活等方面得到了广泛的使用。在青铜时代，世界上的青铜铸造业形成于几个重要的地区，这些地区也成为了人类古代文明的中心。一般来讲，青铜时代已经产生了文字。

中国虽然在公元前3000年左右就已经开始使用青铜器，但由于

第二章　匠心之香熏

四羊青铜方尊　商代晚期　中国国家博物馆藏

缺乏大规模使用青铜器的考古实证，何时进入了青铜时代一直有争议。国内有学者提出把成批出土青铜器物的二里头文化作为中国青铜时代的上限，也有研究者将西北地区的早期用铜遗存纳入青铜时代，认为存在西北和中原地区两大独立起源地，但在绝对年代上，仍然认为二者大体都在公元前2000年前后进入了青铜时代。

中国古代青铜器的使用，主要分为礼器、兵器、生产工具、生活用具。礼器大多是国之重器，一旦铸成，不会熔毁重置，留存较多。中国是一个缺铜的国家，大量的普通军事器具、生产工具在使用一段时间后，可能熔化重造，所以虽然当时它们使用量很大，但留存、遗存反而较少。生活用具又可以分为两大类，一类是普通生活用具，它们和兵器、生产工具一样，常被熔化重造；另一类是带艺术品性质的生活用具，这类东西兼具使用价值和欣赏价值，如青铜香熏等，和礼器一样，它们一般不会熔毁重制。

青铜香熏，兼具礼器、艺术品、生活用具之特点。青铜香熏虽然存世量少，存续的时间晚于青铜礼器、兵器、生产工具和其他生活用具，但这主要是由青铜香熏的功能决定的。一些精美的青铜香熏，其技艺难度、艺术水准、文化价值等，在青铜器中具有典型性和代表性，完全可以以小见大。精美的青铜香熏是先人们留给我们的艺术品，是那个时代生活的记忆，我们在鉴赏时，时时可以体会到先人们的匠心。

第二章　匠心之香熏

错金铜博山炉　西汉　河北博物院藏

四、历史上著名的香熏器物

在早期，熏香并非人人都可以享用。到了汉代，熏香在贵族日常生活中才比较普遍。当时最高等级的器物应该是玉器和青铜器，从出土情况来看，完整的玉香熏似并没有发现，估计那时大件玉器可能非常罕有。而这一时期的青铜香熏有较多的发现，甚至可以这么说，现在出土的高品级的青铜香熏主要集中在汉代。同时我们也发现，汉代墓葬中多随葬有陶熏炉，有的还施以彩绘，这些基本上都在较高等级的墓葬中发现。

青铜博山炉是西汉中期顶级香熏的代表，也是历史上青铜香熏中的艺术珍品。博山炉，因其造型仿海上仙山"博山"而得名。其基本形制是在一圆盘中央竖立一直柄承接炉身，炉身主体为半球状，上有圆锥状炉盖，以镂空技法，雕刻出山峦、人物、动物、草木、云气。博山炉多用青铜制，也有陶制或瓷制的，若有雕饰人物、动物则更为珍贵。

出土的实物资料表明，博山炉于西汉中期兴起后，使用区域甚广，在陕西、山西、河北、河南、江西、江苏、湖北、湖南、广东等许多地方的汉代墓葬中多有发现。青铜博山炉主要见于皇室以及地位较高的上层贵族墓葬中，代表性的出土器物主要有1968年河北满

第二章 匠心之香熏

鎏金鎏银铜竹节熏炉　西汉　陕西历史博物馆藏

匠心的逻辑

鎏银骑兽人物博山炉　西汉　河北博物院藏

第二章　匠心之香熏

越窑青釉褐彩云纹五足炉　唐代　临安博物馆藏

城西汉中山靖王刘胜及其妻窦绾墓出土的错金铜博山炉、鎏银骑兽人物博山炉和1981年汉武帝茂陵1号无名冢陪葬坑出土的鎏金银竹节铜熏炉。

汉武帝茂陵1号无名冢陪葬坑出土的熏炉，炉盖口外侧有铭文："内者未央尚卧，金黄涂竹节熏炉一具，并重十斤十二两，四年内官造，五年十月输，第初三。"这是当时同类器物中的杰作，和满城汉墓博山炉一起，代表了当时青铜香熏制作的最高工艺水平，堪称典范。

盛唐时期，随着对外贸易的繁荣和人们物质生活、精神生活的发展进步，人们对熏香的研究和使用更加系统化。达官贵人们将奇香作为炫耀的资本，兴起了"斗香"活动；文人雅士则将熏香视为文化品位的标志，无熏香则非雅致生活。

与盛唐气象相一致，唐代熏炉的造型趋向多样化，制作更加考究，外观更加华美。1987年陕西扶风法门寺唐塔基地宫出土的鎏金卧龟莲花纹五足朵带银熏炉，根据炉台底面錾文考证，这件熏炉应为唐懿宗敬奉佛祖释迦牟尼真身舍利的供养器。其器形之硕大、工艺之精湛、装饰之豪华，无不彰显着皇家气派，同类金银器中无出其右者。

唐代有名的香熏，还有西安市南郊何家村唐代窖藏出土的忍冬纹镂空五足银熏炉，西安市临潼区庆山寺遗址出土的虎腿兽面衔环鎏金银熏炉。唐代还有一种可以置放于被褥中的熏香器，被称为"香球"或"香囊"，用于芳香被褥，是一种设计极其精巧的微型熏炉。法门寺地宫出土的唐代金银器中就有一大一小两个鎏金银香囊，它们设计巧妙，制作精良，充分反映了当时工匠们的才智与匠心。

第二章 匠心之香熏

到了宋代，熏香已进入广大富贵人家。宋代的香熏器在继承前朝的基础上屡有创新，更加丰富多彩。其中最具特色的就是瓷香熏，南北方各大窑系以及专为朝廷烧造贡瓷的汝窑、哥窑、官窑等均有大量烧制。事实上，唐代的长沙窑就已烧制过为数不少的瓷香熏。宋代的主流审美情趣是崇尚清幽淡雅，宋代香熏炉也形成了古朴、细腻、雅致的风格。有名的《听琴图》据考证是宋徽宗赵佶亲手绘制的名作，画面极其优雅，一人操琴，二人分坐两旁细心聆听，抚琴者身旁的方形漆案上摆放着一件香炉。古人给抚琴弹筝专用的小型香炉起了一个优雅的名字叫琴炉。

明朝"宣德炉"的出现，是中国古代香熏器具发展史上一个新的亮点。明宣宗亲自督办，差遣技艺高超的工匠，利用真腊（今柬埔寨）进贡的几万斤黄铜，经反复精炼后，制造了一批"宣德炉"，成为传世精品，特别被收藏界所看重。

从上述这些代表性的熏香器具可以看出，凡是国力强盛、人民生活富足、文化艺术繁荣的时期，就可能创造出设计精美、制作精良的香熏。近代以来，中国熏香习俗随着香水的引进而逐渐退出历史舞台，但历代留存下来的各种精美的香熏却彰显着古人的审美情趣、文化品位和生活雅兴，今人鉴之赏之，时时感受着古代伟大工匠们的匠心。

匠心的逻辑

《听琴图》（局部） 宋代 故宫博物院藏

第二章 匠心之香熏

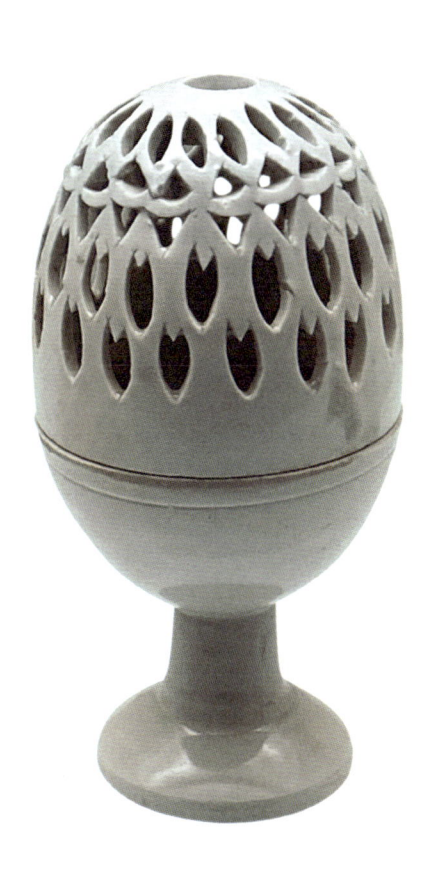

白釉镂空熏炉　宋代　山西博物院藏

匠心的逻辑

龙泉窑粉青釉琴炉　南宋　浙江省博物馆藏

"宣德"款双耳铜炉　明代　中国国家博物馆藏

五、当代香熏

近年来，我国经济高速发展，物质生活水平的提升必然促进人们对精神文化生活高层次的追求，这也是近年来茶道和香道重新盛行的原因。一些香客甚至直接使用古代香熏，比如青铜香熏，这样使用，是对古文物香熏的破坏还是保护，目前也是各有各的说法。

毕竟古代留存下来的香熏很少，这股复古之风促使当代香熏得到大量制作和使用。现代的香熏主要是为了焚香、闻香，更多注重实用性功能。如同玉器一样，在现代机械工具诞生前，可能需要几周、几个月才能完成制作的一件香熏，如今借助现代工具，往往几个小时就可生产完成，甚至可大批量冲压成型，不用几分钟就可以制造出一件。现代的香熏普遍具有工业化时代的特点，当然也有少数手工制作的香熏，但即便是手工制作，由于部分借助了现代机械工具，工作效率也大大提升了。

随着人民生活水平的提升，香熏的需求越来越多，大规模市场需求也促进了这类产品的研发。为了满足不同层次的不同需求，各类当代香熏大量涌现。

从材质上讲，除了传统常用的铜质、陶质、瓷质，还有金、银，甚至和田玉、翡翠等也成了香熏的原材料。从形制上讲，当代香熏多数是仿古的，也有进行创新设计的，有些设计是中西合璧，有些是传承创新，产生了不少艺术特色鲜明的珍品。当代香熏虽然多是借助了现代加工技术，但也有一些大师坚持手工制作。一方面增加了制作难度，价值自然也会提升，另一方面，全手工作品的艺术表现力也有独到之处，具有不可复制性，其艺术价值与机械制品完全不一样。

如同玉雕作品一样，当代香熏作品的匠心，也是技与艺的完美结合，只有匠心独具的作品才会有永恒的价值。

新疆和田白玉香囊　苏然作品　　　　仿汉凤鸟蟠螭纹铜香熏　赵秀林复刻

第三章

匠心之紫砂

汉铎紫砂壶

汉铎壶由来已久，取形于古代器物汉铎，即汉铎壶是根据汉代的铎的造型仿制而来。

这把汉铎壶以紫泥底槽青为料，全身无刻画装饰，仅以材质本来面目示人，泥色典雅，泥质细腻，身筒若钟，庄重古朴，耳形鋬，自然和谐，把握舒适；壶钮呈柱状，圆柱中间装饰一凸出环线，浑然一体，简洁美观，提拿方便；壶流短直向上，给人以向上和力量感，嘴部略突出，流根部粗壮，出水爽利，平嵌盖，盖沿与口沿严丝合缝。此壶精光内敛，轻叩之下，玉振金声，从多方面诠释了纯料紫泥汉铎壶式最本真的魅力。

此壶为高旭峰的作品，他动手能力、创新能力和文化底蕴俱佳，一直坚持传统纯手工工艺制壶，是为数不多更关注技艺而不关注职称和荣誉称号的中青年陶艺家。

第三章 匠心之紫砂

一、陶器和瓷器

陶器是人类将黏土或陶土捏制成型，阴干后烧制而成的器具。在人类历史上，使用最悠久、最广泛、留存最多的生活器物肯定是陶器，究其原因应该有四：一是较早的偶然性发现或发明；二是制造方式简便；三是制造成本低；四是不易腐坏。

中国考古挖掘表明，陶器的使用有超过七千年的历史，在世界范围的考古挖掘中，发现有超过一万年甚至两万年的陶片。在中国，瓷器应该是源于陶器技艺的发展，其制作和使用历史超过了一千年，在瓷器诞生并广泛使用的一千多年里，由于其精美程度远胜于陶器，所以，瓷器后来居上，成了中国标志性的代表器物，以至于瓷器的英文名称都是用的中国（China）这一名称的英译。

陶器和瓷器虽然有渊源，却又有明显的不同：一是使用原料不同，陶器用一般的黏土或陶土就可烧制，而瓷器需要特定的高岭土。二是烧成温度不同，陶器的烧成温度一般在 800－1100℃，而瓷器的烧成温度一般都在1200－1400℃。瓷器在烧制时，如果烧成温度在陶器的范围内，成品则是陶器，如古代的白陶。如果用黏土制陶器坯体，即使烧到1200度的高温，也不会成为瓷器，却可能会烧熔为玻璃质。三是成品坚硬程度不同，陶器因为烧制温度低，敲击时声

船形彩陶壶　仰韶文化　中国国家博物馆藏

音发闷，硬度相对较差，用钢刀能划出痕迹，瓷器烧成温度高，敲击声音清脆，用普通钢刀很难划出痕迹。

虽然瓷器后来居上，但由于瓷器原材料要求相对高、制作难度大，陶器并没有退出历史舞台，仍一直被广泛使用着。因有一定的透气性，能够满足一些特殊储存的需要，陶器自问世以来一直有自己的优势。从同时代的使用情况来看，瓷器往往属于高档用品，陶器多为日常用品。发展到今天，从古代瓷器的国际国内拍卖情况来看，顶级瓷器的拍卖价格甚至能和顶级古代书画、顶级古代青铜器相媲美。

本书要介绍的是世界陶器中一个特别的代表，宜兴紫砂。这是一个既小众又大众的陶器门类，虽然在国际上还没有获得广泛认同，

第三章　匠心之紫砂

白釉绿彩丝带结纹茶盏托　唐代　三清斋藏

青釉绿彩窑变条彩纹渣斗　唐代　三清斋藏

但在国内有不少人极其喜爱宜兴紫砂器具。中国春秋末期政治家范蠡，被奉为宜兴紫砂艺人始祖，被尊称为"陶朱公"，然而，文献和考古成果中都查不到紫砂与范蠡的关系记载。比较可信的史实是，宜兴紫砂起源于元代或明代初，历经明、清两朝近六百年的造型及工艺发展，现已成为日臻成熟的工艺品类。

静月紫砂壶 高旭峰制壶 吴鸣刻款

二、严格意义上的紫砂器具日臻完美

本书所讲的紫砂，专产于中国宜兴，笔者定义为"严格意义上的紫砂器具"。因为世界上虽然很多地方也零星生产紫砂，但质地、规模和文化内涵，难以与宜兴紫砂相提并论。

紫砂，是陶器的一个特殊种类，严格意义的紫砂器具产于宜兴丁蜀镇一带，或者至少是利用这一带的原矿紫砂制作而成的。宜兴成为紫砂的代名词，与丁蜀镇独产特有的紫砂矿，宜兴世代居民以紫砂为业，悉心传承紫砂工艺并以此为荣有很大的关系。笔者十多年来，曾二十多次前往宜兴，拜访紫砂大师，走访紫砂市场，询访紫砂工作室，对此更加深有感触。

成熟意义上的宜兴紫砂器具生产和使用历史只有六百年左右，占瓷器的一半，不足陶器的十分之一，却在陶瓷的艺苑中独领风骚，吸引了历代文人雅士醉心收藏，甚至积极参与其创作发展，充分展现了中国历代紫砂艺人的独特匠心和创造。这也是笔者之所以选择这样一个生产地局限、历史也不甚悠久的器物门类的原因。

紫砂器物的主要品种有茶具、文具、餐具和陈设品。紫砂器具里最经典、最令人关注的品种是茶具，茶具中最常见的是紫砂壶。传统的紫砂壶，大致分为光货、方货、花货、筋瓢货四大类。紫砂器

匠心的逻辑

石瓢紫砂壶　顾景舟作品

第三章　匠心之紫砂

提梁紫砂壶　顾景舟作品

具中，紫砂壶一直深受人们的喜爱。优质的紫砂壶，具有良好的自然品质和独具匠心的文化艺术气质，笔者多年探究紫砂壶的功用和艺术特质，讨论紫砂壶本身，就是在讨论优质的紫砂器具。

《时尚前沿》紫砂皮靴（上） 《被遗忘的角落》紫砂铁锈壶（下） 黄旭峰作品

三、紫砂壶的自然品质

宜兴紫砂壶,是一种介于陶器与瓷器之间的器物,其特点是结构致密,接近瓷化,强度较大,断口为贝壳状或石状,但不具有瓷胎的半透明性。紫砂壶,胎质颗粒细小,且含有小颗粒状的变化,表现出一种砂质效果,因为这个原因,赋名"紫砂壶",而非"紫泥壶"。

紫砂壶的原料,俗称"五色土",五色土指朱泥、紫泥、段泥、黑泥、墨绿泥。此外,还有白泥、乌泥、黄泥、松花泥等各种色泽的原料。优质紫砂原矿,仅产于宜兴丁蜀镇黄龙山。据笔者调查,昔日的紫砂矿开采是不受限制的,现在实行了保护性开采,自实行保护性开采以来,价格上涨了近十倍。

紫砂矿原料在紫砂壶成本中占比是很低的,特别是一些优质紫砂壶,原料成本相比于紫砂壶售价几乎可以忽略不计。虽然黄龙山紫砂矿具有独一无二性,但当下其资源是丰富的,即使是优质的紫砂矿储量仍然十分充足,只要不滥采滥挖滥用,采取科学管理措施,就可以实现宜兴紫砂行业的可持续发展。紫砂是上天赐给宜兴人的厚礼,值得骄傲,应该珍惜。

很多人不了解,以为紫砂是黏土或泥土状,其实紫砂原矿,是介于黏土和岩石之间的状态,呈石块状。紫砂矿经自然风化后,再经仔细

匠心的逻辑

黄龙山段泥矿

黄龙山红泥矿

黄龙山紫泥矿

第三章　匠心之紫砂

南瓜紫砂壶（上）　十六竹紫砂壶（下）　高湘君作品

筛选，继而充分捣练，方成为优质的原料。现在也有用电动工具直接捣碎的，品质应该不如自然风化的好。紫砂壶的成型工艺与其他陶瓷制壶不太一样，要充分利用紫砂的本色，烧成后色泽温润，器具表面具有亚光效果，能清晰地表现器物形态与原料天然色泽的生动效果。

一把高品质的紫砂壶，首先要讲究原料的自然品质，包括泥质、泥色和泥料的熟度，以及成型时泥料软硬程度。泥质，即砂性，它决定紫砂壶的透气性，这是紫砂壶的根本特质；泥色，要考虑到烧成后色泽的变化，是否与创作者追求的艺术气质相契合；紫砂泥的熟度、软硬度，最终决定紫砂壶的结实度。

基于紫砂的自然品质，在紫砂壶制作过程中，必须掌握泥料的干湿程度对作品的影响。在紫砂壶烧制过程中，必须考虑烧制收缩率对紫砂壶型的影响，还要考虑不同窑位对壶的影响。过去使用柴窑，诸多壶放在一起烧，对制作和烧制这两方面的技术要求很高。现在使用电炉、气炉，烧制过程变得可控，有的壶分两次烧制成型，第一次烧制后还可借现代工具适当修正，成品合格率远高于过去，几近百分之百。

四、紫砂壶的文化气质

紫砂壶的文化气质主要体现在实用、造型、工艺、品位四方面。紫砂壶之所以从实用的陶器壶、瓷器壶乃至银壶、铜壶中脱颖而出，成为当代中国生活器物中的杰出代表，除了因为紫砂优良的自然品质，泡茶能泡出特别的风味，还与它与众不同的文化气质有很大关系。紫砂壶古朴纯厚，不媚不俗，泡茶滋养一段时间后，精光内敛，气蕴高雅，与中国文人气质十分相似。因此，选择与使用紫砂壶，也成为了人们彰显品味和审美情趣的方式。

随着物质生活水平的提高，人们对精神文化生活的需求也日益增长。在此背景下，紫砂壶越来越受到人们的青睐，从最初的泡茶工具发展成为极具观赏价值的工艺品。当今，许多的文化艺术人士积极参与到紫砂壶的制作中来且乐在其中，他们与紫砂艺人一道精心设计，创新壶型，撰写壶铭，镌刻花卉，协同创作，悉心研讨……文化艺术人士通常都没有经过制作紫砂壶的技能训练，积淀于他们内心的审美底蕴，通过紫砂艺人的手工技艺，在器物上得到全新呈现，补足了普通紫砂艺人们在艺术上的短板。

除了历史上名人所制的紫砂壶，当代有两类紫砂壶可以认为是高端工艺品、艺术品。第一类，是当代紫砂壶大师的作品，他们除

匠心的逻辑

《圆圆满满》系列之一　胡朝君制壶　吴鸣刻款

《怀德》井栏壶　何挺初作品

了有扎实的制壶基本功,文化艺术素养也比较高;第二类,是有顶级文化艺术人士参与的、不可复制的紫砂壶限量作品。紫砂作品的艺术价值,主要取决于工艺质量。文人雅士吟诗作画、题诗记事,把诗情画意雕刻在紫砂壶上,或由雕刻艺人代为刻画在紫砂壶上则能实现新的突破。这样的制作过程早已有之,业界素有"字随壶传、壶随字贵"之说法。

紫砂壶被推崇为"世间茶具之首"。一把好的紫砂壶,一定是泥料上乘、造型完美、器韵高雅、触觉舒适,符合文士的审美情趣,达到内容与形式的完美统一,即自然品质和文化气质的完美统一。

由于紫砂特殊的结构,一把紫砂壶只能泡一种茶,不同的茶,用不同形制和容量的壶。比如,泡红茶,宜用深色一点的壶;泡绿茶,宜用浅色一点的壶,追求茶与器的相得益彰。这与文人独立、自在、高洁的气质极相吻合。

当代人在忙碌之余,或邀三五好友,或独享清静,手持一把优雅有品味的紫砂壶,冲上一泡自己喜欢的茶,舒缓疲劳,消解烦恼,体味意境,心灵在刹那间得到升华。复又把玩手中蓄养之壶,轻叩壶盖,玉振金声,其闲情,其享受,非亲历者不可以言说。

五、紫砂壶的未来

紫砂壶,以其特有的原材料、独特的制作工艺和浓郁的文化气质,历来为人们珍视。紫砂壶,是中华民族传统陶瓷工艺发扬光大的杰出成果,更是国人将艺术审美与技术匠心相结合,创造出的高品器物之一。在有关文献记述中,知名艺人的紫砂壶杰作历来珍贵。如周澍《台阳百咏》提到"供春小壶,一具用之数十年,则值金一笏",《茗壶图录》称"明制一壶,值抵中人一家产"。

当下宜兴的紫砂产业欣欣向荣,大师辈出,精品纷呈,同时又接地气,贴近百姓,贴近生活,广为流传,广泛使用。因为某种资源而成就一座城市的情况,在人类文明史上并不罕见,最早可能是矿产资源或其他自然资源,往后可能是人力资源。宜兴这座城市虽不算大,但由于黄龙山独特的紫砂矿资源,加上几百年的人力资源积淀,现在已成为名副其实的紫砂文化名城。一个个紫砂作坊,一家家紫砂商铺,一条条紫砂街区在此不断传承发展。

在宜兴,紫砂器具主要分为日用品、工艺品和艺术品。无论是日用品、工艺品还是艺术品,都可以通过不同材质、不同工艺的结合表达出创作者的艺术追求。近些年,紫砂器物在装饰方面又有创新,如产生了在紫砂器具上嵌饰金银丝等新工艺,但有的装饰过度繁琐,有的造型奇形怪状。笔者认为，这些创新精神虽然值得肯定，但这不代表紫砂文化的未来发展方向，不管怎么创作，必须考虑紫砂材质的特殊性和实用性传统，考虑使用者的文化认同。

　　目前，宜兴的紫砂壶艺人们大致可以分为以下几类，笔者试图对他们的未来职业发展作一些预测，其实也就是对紫砂壶的未来发展方向作一些预测。

　　一类专做大众实用紫砂壶。这些艺人按传统工艺制壶抑或借助模具成型，工艺平平，主要供居家或办公使用，这类产品价值不高，未来升值空间不大，目前宜兴这类紫砂艺人数量最多。由于需求量大，一些工作室还引进了工业化生产设备，甚至使用了一些替代材料，生产的紫砂器具主要供一般宾馆酒店等场所使用，价值更低。

　　一类专做高端紫砂壶。这类艺人以传统为基础，坚持全手工制作，注重推陈出新，在工艺上做到极致。这类艺人虽不太多，却也数以百计，深受茶人和收藏者喜爱。如笔者十分欣赏的陶艺家黄旭峰、高旭峰、高湘军、胡朝君等。这类紫砂艺人随着职称、知名度、社会影响力的提升，未来作品的升值空间较大。当然，这类紫砂艺人如果想要超越前辈高人，难度依然很大，突破口在于提高自身的文化艺术素养。要想成为新一代紫砂壶大师，必须要做到文化艺术素养、技艺水平和创新能力超群且能有机结合。

　　还有一类艺人似乎不考虑紫砂文化传统，完全按陶艺标准进行创作。如中国工艺美术大师、中国陶瓷艺术大师吴鸣，他传统功底了得，创作了很多艺术水准很高的作品，获得了国际国内同行的广泛认同。这种带有艺术原创力的紫砂新品，虽然在宜兴紫砂圈和喜欢传统紫砂器物的群体中有不同看法，但经过时间的沉淀后，或许

匠心的逻辑

八和壶　吴鸣作品

第三章　匠心之紫砂

《盼》系列之一　　吴鸣作品

会获得更多的认同，吴鸣也极可能成为新一代紫砂宗师。对此，笔者十分看好。

由于流传至今的真品老紫砂壶不多，加之历史上名家同期或稍晚时期的仿品多，这类老仿品，不如新壶做旧容易鉴别。因此，笔者建议，如果没有十足的把握，收藏老壶不如收藏当代一些名家的全手工精品紫砂壶。藏壶、养壶可以修心养性、陶冶情操，还可以保值、增值。一把好的紫砂壶，不仅是一件生活用品，更应该是一件艺术品。

中国的紫砂文化、青铜文化、玉文化，有很强的内在关联，本书的前三章主要谈了这三类器物。紫砂壶几百年来备受人们的推崇，与它所蕴含的中国的人文精神和紫砂艺人的匠心密切相关。鉴赏紫砂名品，品味紫砂文化，是一种超越时空的对话，一种人文精神的交流，一种物质享受和精神享受的完美结合。

第四章

匠心之刀剑

越王勾践剑

越王勾践剑,剑长55.6厘米,剑宽4.6厘米,正面近剑格处有鸟篆铭文,今释读为「越王勾践自作用剑」,现藏于湖北省博物馆。

越王勾践剑剑首外翻卷成圆箍形,内铸有间隔只有0.2毫米的11道同心圆,剑身上布满了规则的黑色菱形暗格花纹,剑格正面镶有蓝色琉璃,背面镶有绿松石。越王勾践剑主要用锡铜合金铸成,含有少量的铝和微量的镍,灰黑色的菱形花纹及黑色的剑柄、剑格都含有硫。百分之一毫米厚度的金属表层发现有化学处理痕迹。

越王勾践剑是青铜武器中的珍品。至今仍锐利如新,体现了当时短兵器制造技艺的最高水平,被誉为「天下第一剑」。对研究越国历史、了解中国古代青铜铸造工艺和文字有重要价值。

第四章 匠心之刀剑

一、武备与刀剑

武备,是武器装备的简称。冷兵器时代的武备种类很多,刀剑是重要的武备。对于军队而言,基于长度、重量、攻击力等需要,枪、矛、戈、盾是主要武备。刀剑主要用于近身攻防,或许不是最重要的,但对于个人而言,特别是军队中的高级将领,随身携带甚至爱不释手的一定是刀剑。刀剑可随身佩带,因此成为人的心爱之物,有人甚至把刀剑作为死后陪葬器物,可谓爱不释手、至死不弃。近些年不少墓葬出土了刀剑就印证了这一点。

通常都说决定战争胜负的是人。这从哲学意义上讲是对的,人是一切事物发展的决定因素。在冷兵器时代,决定战争胜负的往往是兵将素质、武备和战法。历史上的大战役,特别是决定历史走向的大战役,获胜方一定武备精良,而决定王朝兴衰的军团,也一定是武备精良的团队。历史上运动战、阵地战,成功者的一个重要因素就是武备精良,这已无数次被史实验证。

人与动物的区别之一是人会制造和使用工具。我们可以大胆地推测,人类使用的第一样工具,首先应该是一件武器,它可能是一块石头,也可能是一根树枝。人类只有到了真正能制造工具的时候,才在文明的道路上跨出第一大步。正是这第一大步,使人类逐步超越了其他所有的动物；正是这一大步，使得"人"逐步区别于动物而成为人。

人类最初的武备，主要是用于防身，防御敌人或动物的攻击。随着社会的发展，国家和统治阶级开始出现，专制力量一定要靠武力来维护，这时，军队开始出现。军队的两大主要要素是军人和武备。军队出现前，人类可能也有武装力量，使用的主要是木石兵器，延续的时间很长。正规军队形成时，应该是拥有金属武备的。在生产力不够发达的时代，军人素质和武备水平是决定军队战斗力的两大要素。

中国历史上，在政权争夺中，成功的武装集团一定武备精良。在人类的冷兵器时代，中国的武备很长时间处在世界的巅峰，特别是战汉、隋唐时代，现在偶有出土于那个时代的剑、刀、匕，这些兵器的任何一件，都能重现当时中国在武备制造上的辉煌，而这些刀剑的很多工艺，至今也无法复现。

随着热兵器的出现，冷兵器在实战中逐步退出历史舞台，导致了冷兵器的衰落，中国冷兵器的衰落进而导致了中国刀剑制造水平的衰落。有些国家则不同，比如日本，其刀剑制造技术是在唐朝时才向中国学习的，令人遗憾的是，现在中国的刀艺已经落后于日本了。这就是笔者要探讨这样一个曾经辉煌、如今技不如人的工艺门类的初衷。

第四章　匠心之刀剑

秦始皇陵一号铜车马　　秦始皇帝陵博物院藏

曲腰短柄青铜剑　　春秋　礼县博物馆藏

匠心的逻辑

铜弩　秦代　秦始皇帝陵博物院藏

冷兵器零部件　秦代　陕西历史博物馆藏

第四章　匠心之刀剑

石甲衣　陕西西安秦始皇帝陵 K9801 号陪葬坑出土

二、刀剑与工具

从世界范围来看，兵器的发展经历了两个大的阶段：冷兵器时代和热兵器时代。冷兵器时代又可分为三个时期：石器时代，主要兵器是石器、木器；青铜时代和铸铁时代，这两个阶段，兵器制造技艺蓬勃发展，精彩纷呈。热兵器时代，首先开始使用的是火药兵器。火药兵器兴盛后，冷兵器逐步退出战争。近代以来，还发展了核武器、激光武器、信息武器等等。火药兵器刚兴起时，刀剑还曾是火药兵器的补充，后来逐步退出实战。而当下，刀剑主要用于表演、装饰、收藏等。

从石器制作（不含玉器）到金属器制作，是人类发展史的一个重要转折点，也是人类进入文明时代的重要标志之一。因为原料的发现与取得以及加工技术等种种原因，人类冶炼金属几乎都以青铜为开端。青铜时代，铸剑多而刀甚少，青铜刀主要用于生产生活领域，这主要是由青铜比较脆的特点决定的。剑用于刺而刀用于砍，砍则易折。古代中国所掌握的青铜加工技术令人赞叹，即使现代科技的发展远超古人，古人的青铜刀剑制作技艺也仍有许多未解之谜。

进入铁器时代，铁与青铜相比，有很强的韧性。铁质剑、刀、枪一经问世，就焕发出蓬勃的生命力，成为军队武备的主力。但剑在

第四章　匠心之刀剑

《砺剑图》　明代　黄济　故宫博物院藏

匠心的逻辑

雕玉水仙纹柄嵌宝石短剑　　清代　台北故宫博物院藏

战汉时代后，除了剑客专用，主要就是武将、贵族和文人的配饰，一般用于防身或装饰，逐步演绎成为中国人的精神追求和身份象征，而刀和枪则成了广泛使用的实用兵器。

兵器发展与战争关系密切，兵器科技的最新成果，首先应用于战争武备，而后应用于生活，过去如此，现代也如此。刀剑最初是武备，然后才应用于生产生活，为了应用于生产生活，人们可能会对它进行相应用途的改进。从实际使用的情况来看，军用刀剑的品质，普遍高于民用刀剑。当然，最高级别的刀剑，可能不是应用在实战中，现在大多成了文玩刀剑。

三、历史的顶峰在中国

世界公认青铜器的巅峰在中国，中国古代刀剑同样曾立于世界的顶峰。中国各大博物馆中多有展出战汉时代的青铜宝剑，有的迄今已逾2000年，仍剑气逼人、锐利如新，能轻松削纸断发，令人赞叹，比如央视《国家宝藏》展出的名剑——越王勾践剑。可以这样说，迄今出土的战汉时代的青铜名剑，任意一柄，都可鉴证当时中国青铜剑是世界剑器的顶峰。

青铜剑的主要成分是铜锡合金。锡，是一种抗锈能力很强的金属，因此，青铜剑比铁剑的抗锈力强得多。更重要的原因则是，在古代，高档剑的表面会进行特殊处理，通常是硫化或铬盐氧化处理。这些处理使青铜剑的表面生成了薄薄一层致密的金属氧化膜，能够对青铜器形成很好的保护，因此许多古代青铜剑历经数千年仍能完好如初地保存下来。

上述说了青铜剑，接下来说青铜刀。青铜刀作为兵器，数量不多，在考古挖掘中，实物罕见，各大博物馆的陈列品稀少。笔者曾发现过一些用于刻书（刻木简或竹简用）的青铜刀，体积不大，器型甚美，保存完好。因其保存状态完好，有可能是作为文玩刀而诞生的，倘若是作为实用工具使用，其磨损应该比较厉害。当然，也可能是

匠心的逻辑

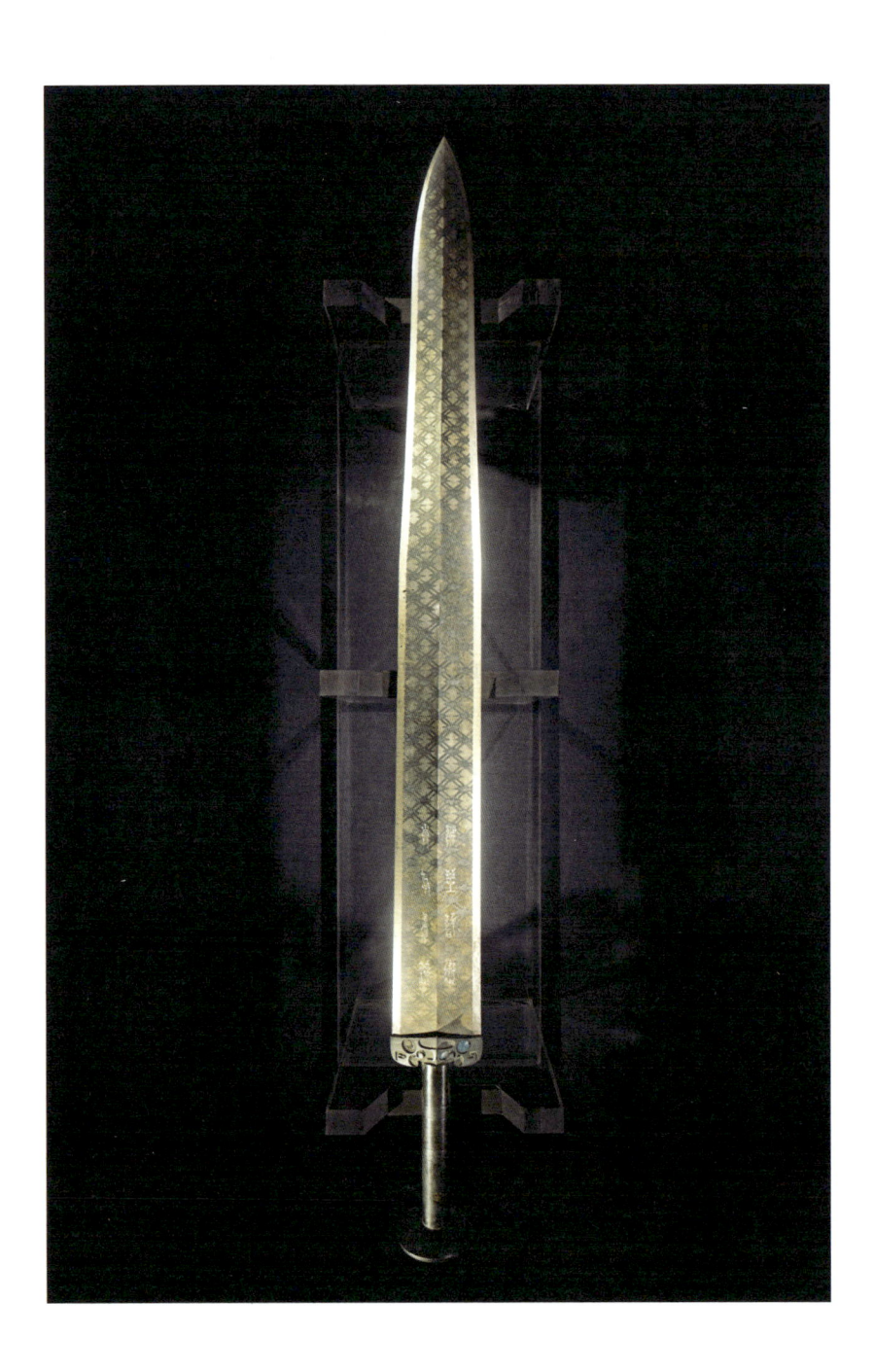

第四章　匠心之刀剑

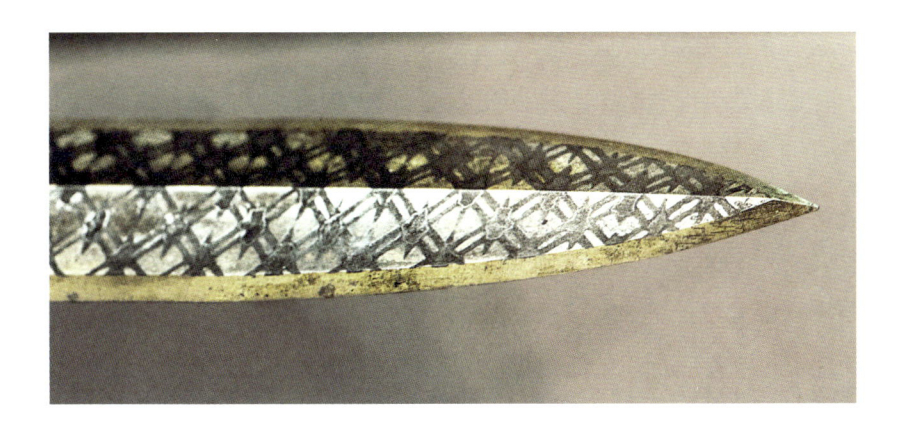

越王勾践剑　春秋　湖北省博物馆藏

未经使用的实用工具。

进入铁器时代，中国铁器的发展以及中国刀剑制作水平，也一直处于世界的顶峰。中国人的钢铁兵器，曾经雄视过整个世界，但因为铁器容易生锈腐蚀、不易保存，如今遗留下来的并不多。由于禁止民间私藏武备，以及铁器技艺多属口口相传、实物易锈蚀难以保存、铁匠地位低下、鲜有文字记载等原因，一个曾位居世界顶峰的工艺器物种类，在历史的长河中，就这样渐渐地销声匿迹了。

这些史实，大众可能不熟知，但专业人士应是知晓的。由于中国历史上刀剑制作方面的出版物太少，所以中国刀剑曾经是世界顶峰这一成就鲜为人知，国际认可度也较低。曾经向中国学习的日本刀匠们无疑是知道的，因为他们有很好的技艺传承和实物传承，然而，他们是不会主动说出来的。所以，需要我们新一代的匠人们，用匠心复兴我们曾经的辉煌，早日重回刀剑制作这一领域的世界顶峰。

铁器时代的刀剑，主要用碳钢制造，碳钢的特点是含碳较多会硬则脆、含碳较少会韧则软。硬和韧，是一对矛盾。欲使刀剑锋利，刃口必须坚硬，但硬则脆，脆则易崩，如果注重韧度，则无法保持硬度。好的刀剑，既要够硬又要够韧。中国古代的刀剑铸造天才们，在不损害硬而脆、软而韧两种钢材特性的条件下，将两种钢材锻打结合，反复折叠，既不能让炉火过热而令两种钢材融熔以致失去各自的特质，又不能让炉火温度不够而导致接合不牢。经反复折叠锻打后，两种不同特性的钢，以层层薄片形式紧紧地融为一体，构成既硬且韧的特殊材料，即可用来制造最精良的刀剑。

这种钢铁材料，今天被称为大马士革钢。类似的高级材料，还

第四章 匠心之刀剑

满城汉墓出土铜剑　西汉　河北博物院藏

有一种原产于印度的坩埚钢，中国也曾掌握这种冶炼技术，将其称为"镔铁"。但由于如前所述的种种原因，这些天才的工匠们和他们顶级的技艺都没有让人确信的记录流传下来。

木柄金桃皮鞘"掣电"腰刀　清代　故宫博物院藏

四、师吾长技已超吾

当今世界公认有三大名刀：一是大马士革刀，二是马业刀，三是日本刀。中国在剑和刀的铸造上，尤其是青铜剑和钢铁刀剑，曾经如此辉煌，处在世界顶峰位置，而今却在世界上没有一席之地。历史上刀剑铸造的顶峰在中国，但证据却在日本，可以说，日本是将中国的刀剑技艺传承发展得最好的后起之秀。日本皇家正仓院，是日本藏刀的圣地，陈列着日本最古老、最神圣的古代兵器，自诩为"日本刀之源"。然而，正仓院里所陈列的，主要是中国南北朝至唐代的刀剑。

中国早在两千五百年前，就已经掌握钢铁尖端技术。中国古代钢铁技术有两个高峰，一个直接衔接了青铜器高峰，也就是东周到秦汉这段时间，这个时期以铸剑为主；另一个高峰则是南北朝到唐，这个时期以造刀为主。在这一千多年里，世界上没有第二个国家的经济、文化、科技能与中国匹敌。这个时期也是中国刀剑铸造的顶峰，将材料与工艺发挥至极致，无论是剑还是刀，不只是人民物质生活的一部分，也是文化生活的一部分。

从唐代开始，日本派出大量人员来中国学习文化、艺术、科学、技术，那时的中国是一个绝对自信的国家，对日本、对世界各国都毫无保留。日本在中国习得刀剑制造技术后，将刀剑视为神器圣物，特别是制刀。日本不但将学到的技术完整保留了下来，而且发展成了诸多流派。日本的传承体系和名师名匠，均有详细记录。日本刀从那时起便成了日本人的骄傲。师吾长技已超吾，中国刀剑制造则逐步从顶峰跌落，逐步淡出了世人的视野。

这种跌落和淡出，导致中国刀剑工匠们的地位越来越低，工匠们

法国贵族短剑　19 世纪

布鲁斯绅士博伊　美国　布鲁斯·波普作品

羽毛纹博伊　张勇作品

第四章 匠心之刀剑

的工作就是为了谋生，中国的刀剑工匠们不但被人们遗忘、被历史遗忘，工匠们自己可能也遗忘了自己，遗忘了自己祖师爷们的辉煌。其实，只有优秀的工匠获得全社会的尊重，大匠辈出的时代才可能形成。即便是进入了工业时代，刀剑制造仍是一个系统工程，刀剑工匠的工作仍极讲究。冶炼、技艺和研磨，诸多环节，环环相扣最终是为了刀剑材质的精良、形制的优美和刀刃的锋利。

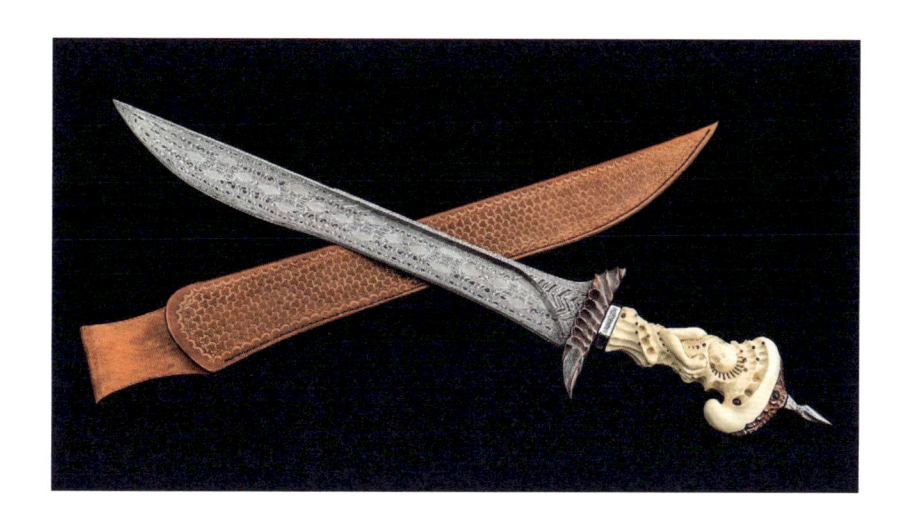

机械师战刀　美国　伊利业·阿列克谢夫作品

五、中国刀剑的人文精神

刀剑是武器装备,却不只为将士珍爱,亦为中国文人所好。刀和剑,特别是剑在中国有很强的文化色彩。中国人对剑,特别是文人对剑是非常尊重的,从中国人的组词造句中就可以看出,与剑相关的词语、成语和诗句多表达了对剑的尊重。词语如"剑气""剑眉";成语如"剑胆琴心""尚方宝剑";诗句如"手提三尺龙泉剑,不斩奸邪誓不休""宝剑锋从磨砺出,梅花香自苦寒来",这些几乎都是积极的表达。笔者考证了一下,与剑相关的词汇里,很少有表达负面情绪的词汇。

与剑相比,刀的等级似乎要低一些,我们还是拿中国的词语、成语和诗句来看,与刀相关的成语如"笑里藏刀""借刀杀人""两面三刀",词义都较为负面;但跟刀相关的词语和诗句也有比较正面的,如"宝刀不老""单刀赴会""我自横刀向天笑,去留肝胆两昆仑"等。总体来讲,剑似要高贵一些、文气一些,刀要大众一些、俗气一些。

在中国刀剑铸造的顶峰时期,刀剑制造技术是当时的"尖端科技",虽然匠人地位不高,但著名的刀剑师仍拥有重要地位。他们铸出的名刀名剑价值不菲,常常成为国君或王公贵族或武将大臣的珍

第四章 匠心之刀剑

《孔子配剑行教图》拓片

藏，甚至不惜用珍贵的玉石珠宝作为配饰。

尽管中国的文人可能对名刀名剑制造技艺知之不多，但依然希望拥有它，尊敬它，赞美它。中国古代也曾有过国力不如人、忍辱负重的时期，却未曾真正失掉过尊严。这种尊严，从某种角度讲是用刀与剑换来的，是先辈匠人们的匠心成就的。伟大的中国刀剑工匠们的匠心，成就了中华民族的自尊、勇气和脊梁。

现在中国刀剑制造在世界上地位不高，有很多人认为是近代中国工业落后造成的，虽然新中国钢铁工业发展很快，钢铁产量现在已位居世界第一，但钢铁质量却并非一流，所以产不出好剑好刀。笔者认为，这不是主要原因。主要原因是近代、当代中国的刀剑匠人缺乏前辈大师们精益求精的工匠精神，用实用主义铸刀铸剑，毁了中国曾经处在世界顶峰的刀剑文化。

日本正仓院中所收藏的中国刀，见证了中国刀剑工匠曾经的辉煌。中国刀剑，一千年前开始衰落，可能五六百年前就彻底退出世界历史舞台了。很长一段时间里，我们的工匠们可能不知道历史的辉煌，似乎也不在乎今日的没落。我们一直标榜我们是有尊严的中国人，从刀剑的人文精神来看，或许我们从来没有真正理解尊严问题。在刀剑制造过程中，融入了匠心，才会有匠心之作。要做有尊严的中国人，应从重塑中国刀剑工匠的匠心做起。

第五章

匠心之文房

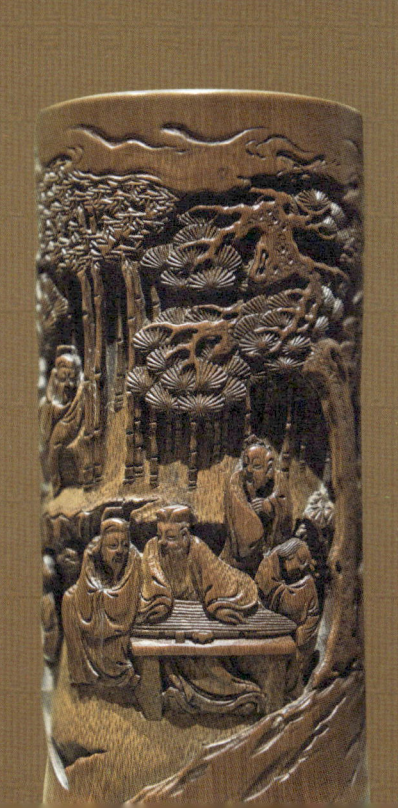

顾珏款竹林七贤竹笔筒

中国是产竹、用竹大国,在使用竹子的过程中,国人对竹子逐渐赋予了诸多文化意义。关于竹刻的记载最早见于《礼记》,实物则见于战汉墓葬中。明代嘉定朱松邻将竹刻工艺施于文房用具,体现了技与艺的完美结合,开辟了竹刻艺术的新时代。此后竹刻名家辈出。

此笔筒竹雕以竹竿为材,巧妙利用其中空之特性。口作鳝脊式,下承三矮足,枣红色。器壁环雕松竹林,林中坡台间群贤毕至,一组听琴,一组弈棋,各得其所。约略数刀,人物则神态毕现。参用深刻和镂雕法,准确圆熟,富有变化。整器用刀深峻,跳顿有力,不作矫饰。署隶书「顾珏」二字款,镌「宗」「玉」连珠印一方。顾珏,字宗玉,嘉定人,康熙、雍正年间竹刻名家。他的刻竹「刻露精深,细如毫发」。

第五章 匠心之文房

一、中国文人梦

文人的概念经历了不断发展变化的过程，不同的人可能还有不同的理解。文人，古称先祖之有文德者。我们习惯上将"文人""士大夫"并称，但历史上"文人"和"士人"（即"士大夫"）是两个有区别的概念。两者都是文化人、读书人，但文人以才华见长，士人以弘道处世。文人，当代是指在学术文化方面有建树的人。

与商人、工匠、农民相比，中国文人在历史上的地位，总体说来是比较高的。"万般皆下品，惟有读书高"正是如实写照。

中国素以"文治"著称，中国早期贵族有"六艺"教育，然后有中华经典"六经"：《诗》《书》《礼》《易》《乐》《春秋》，这形成了中华"文之教化"的根基和"文人"最初的概念。中国有学而优则仕的传统，历史上就有了"文官"一词。

在中国古典文化中，琴棋书画属文人必备艺能。加上深厚的文化根基，造就了"文人"们的辉煌成果，范宽的《溪山行旅图》、苏轼的《枯木竹石图》、赵孟頫的《洞庭东山图》、黄公望的《富春山居图》、顾闳中的《韩熙载夜宴图》等等，流传下来的书画、诗文、金石，足以鉴证文人的最高价值，更是对文人的最高认可。

在历史上的政权稳定时期，穷书生"十年寒窗无人问，一举成名天下闻",读书能够改变阶层、改变命运。这得益于隋唐以来的重要制度设计——科举。虽然近代以来，人们在不断批判科举制度，但科举这一富有匠心的考试选拔形式，打破了士族门阀的垄断，使得相当一部分社会中下层有才华、有能力、有追求的读书人进入社会上层，获得施展才华、报效国家、造福人民的机会。

中国古代文人的梦想，可能是传道、授业、解惑，也可能是学而优则仕，最高梦想可能是做帝师。中国文人多自视清高，但无论多么清高，却鲜有拒做帝师者。很多文人认为自己在智慧上、能力上，可能会超过帝王，但却有一个自我定位，便是只做辅佐者。成为文人，在历史上不只是读书人的梦想，许多武夫也有文人梦，然而，历史上真正文武双全的人并不多。

当代，成功的商人都不希望自己被说成是暴发户，而是希望自己被尊称为文化商人；官员，也希望被称为学者型、专家型官员。这都清晰地表明大家对文人、文化和知识的尊重。成为文人，仿佛成为所有人的第一梦想。

文人梦，是中国人的一种情怀、品味，这种文人的情怀和品味，衍生出了很多颇具匠心、精巧雅致的文玩产品、文房用品。文玩产品、文房用品的制作、收藏和传承，成就了极富中国特色的产业。

第五章　匠心之文房

《溪山行旅图》　北宋　范宽　台北故宫博物院

二、文人书斋梦

中国有句古话"穷文富武",这四个字告诉我们:穷人家子弟可以通过读书改变命运,实现梦想。而习武,因为费用较高,必须具备一定的经济条件才可行。纵观中国历史上的文学作品,多有描写贫困书生读书、富家子弟习武之事,比较多的是贫穷书生刻苦读书、考取功名的故事。

真正成功的读书人,最终多会入仕进入社会中上层,这样成功的读书人群,形成了一个特殊的士大夫群体。

春秋末年以后,士逐渐成为统治阶级中知识分子的统称,即读书人。中国历史上的士大夫,就是文官,这个群体,以中高级知识分子为主体。他们既是国家行政体系的参与者,又是中国文化艺术的创造者、传播者。现在这个群体仍然存在,但不再称之为士大夫。不管是过去、现在还是将来,这个群体对整个中国政治、经济、文化、艺术、社会的发展都具有不可或缺的推动作用。

中国历史上的专业或者职业文人、艺术家并不多,往往都是士大夫兼任,从政是士大夫的主业,士大夫的文人情怀和审美情趣,决定了他们是文化艺术的传承者、创造者和古董、文物、艺术品收藏的主体。士大夫群体,可能从晋代开始勃发,他们的工作、生活甚至聚

第五章 匠心之文房

三希堂内景　故宫养心殿西端

乾隆玉三希堂碧玉玺　清代

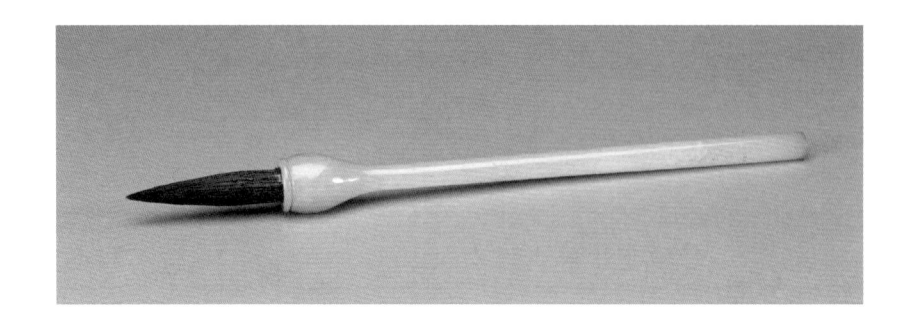

御题白玉紫毫提笔 清代 故宫博物院藏

会的主要场所就在书斋。大量的绘画作品、文学作品记载着士大夫们在公务之余,多寄情于琴、棋、书、画、文,其场所也几乎都在书斋。

文人的书斋,即文房,或称为书房,是文人读书、写字、绘画、赏艺之地。中国文人的书斋,是中国文人的生活空间和精神家园,表达了文人的品味和追求。随着简书发展到纸书,中国文人的书斋样式也在发生变化,与书斋的形式和功能相匹配。书斋中有许多必备的工具和文具,曾有学者简略统计有50余种,如书桌、书柜、画案、文房四宝,还有笔筒、镇尺、臂搁、印章等。事实上,传统书斋的文具种类,又岂止这些。

中国文人书斋,除了必备的工具性器物,还有很多非工具性雅物。书斋,应当是实用性与精神性并存且有机结合的精神文化生活空间。中国文人有不同的审美情趣,有的崇尚自然、有的崇尚简约、有的崇尚精致、有的崇尚雅逸,中国文人的书斋表现的必然是主人的情怀和情趣。此外,一个有品味的书斋,多有古代雅玩器物。中国文人都有一个书斋梦,从书斋梦中可以看到中国文人与匠人相结合的文化品位。

第五章 匠心之文房

端石六龙砚　清代　台北故宫博物院藏

三、文人与书斋

限于社会经济发展水平,在中国历史上,一般人家很难拥有书斋,所以,笔者谓之"中国文人梦、文人书斋梦"。

绝大多数读书人,可能只是在居所中辟出一小块地方作为读书写字的空间而已,其简陋状态可想而知。条件稍好者,即便是有书斋,也可能只是藏书、读书的地方。

历史上,只有大户人家、富贵人家、王公贵族中的文化人,其书斋才是读书、赏艺、品茗之所。也有一些大户人家,缺乏诗书传承,书斋只是一个点缀而已。考察一些保存状态比较好的江南大宅院和一些徽商、晋商兴建的大宅,不难发现这一点。

所谓"书香门第",实则并不常见。它必须是较好的社会经济条件、良好的家族、家庭教育传统、发达的地域文化风气相结合的产物。这种情况在当代依然如此,比如中国当下的多数知识分子,经济上不宽裕,不可能构建有品味的书斋。一些富豪之家,却没有书斋。一些顶级别墅,书斋设计只是一个点缀而已。

在当代中国,供职于高校和研究机构的学者们都有书房,他们的书房以实用性为主。一些有文化的官员、商贾也有书房,除了实用功能,还有意识地想表达自己作为文化人的情趣,陈列一些收藏品,

第五章 匠心之文房

但可能装点门面的陈列品更多些。只有少数的文化艺术界人士,既有良好的经济条件,又有自己的审美情趣,他们的书房本身是一个工作场所,一个与自己的专业相结合的工作场所,同时是一个以文会友的交流场所,这应该才称得上是书斋。这部分人的书斋,往往布置得比较雅致,有品味、有情趣,但这样的书斋并不多见。

笔者曾见过一些企业家花巨资、用顶级材料装修出自己的豪华书房,参观后总觉得缺点什么。或许缺点儿文气,缺点儿文人气息、文化气息,这些不应该称为书斋。好的书斋,一定是文人书斋,关键词是文气。文气,主要是书斋的陈设器物散发出的文化气息。

前面提到,文人的书斋中一定有诸多文玩器物,其中很多器物在当下已远远超出了它的实用价值,而成为鉴赏之物,以此表达文人的生活方式、品味情趣和精神追求。本书前几章提到的玉器、香熏、紫砂、刀剑等,都是文人书斋中重要的陈设器物。

顾二娘款簸箕端石砚　清代　比德艺术馆藏

端石砚　　　　　　　　　玉臂搁

蟠螭纹钧釉水盂　　　　　刻瓷笔筒

四、文房清供与文玩

文房和清供，原本是分开的。文房，如前所述是指文人的书斋。清供，则是指清雅的供品，源起于祭祀文化，用以祭拜神灵和祖先，后来发展到指居室中的陈列物品。将文房与清供结合起来，是文人对匠人匠心的欣赏，表达文人对书斋及书斋雅物的珍爱。文房清供经逐步发展，渐渐成为一个收藏门类。

文房清供之风，始于南北朝，兴盛于唐宋，再兴盛于明清。历史上，但凡经济发达的时候，文化、艺术也随之繁荣，文房清供必然兴盛，收藏文房清供成为一种社会风尚。本书前文提到的玉器、香熏、紫砂、刀剑，不少品类都可以成为文房清供，笔者再选择几样传统文人书斋中比较常见的器物作简单介绍。

笔筒，是文人书案上最常设之物，一般呈圆筒状。传世笔筒，最早始于宋代。在早期，用竹木牙等材料制成的笔筒最多，从晚明开始大量出现瓷制笔筒。清以后，笔筒材质更加丰富，瓷制品种骤增，玉制笔筒开始出现，玉笔筒当属于极奢之文玩。现存老竹木牙制笔筒多为明代中晚期及以后之物，将诗文书画艺术融入竹木牙笔筒刻画之中，开启了文人竹木牙雕刻的艺术门类，使笔筒衍生成为重要的文玩品类。

臂搁，本是写字时为了防止黑墨污染手腕或衣服而垫于手臂之下的用具，又称腕枕。臂搁是书斋中的必备物品，材质多样，有竹子、紫檀、黄杨木、象牙等，其中以竹子制成的臂搁最为常见。在众多的文房器具中，臂搁如同笔筒一样，深受文人雅士喜爱，臂搁上有刻座右铭为自勉、有刻诗文书画为欣赏。将绘画书法镌刻于臂搁上，使原本普通实用的臂搁成为艺术佳品。

笔洗，是用来盛水洗笔的器皿，形状以钵、盂为主，方便盛水。笔洗在文房器物中不占主要位置，却有不少精巧雅致之物。传世的笔洗中，有很多是艺术珍品。笔洗材料也有很多种，但流传至今最常见的还是瓷笔洗。最典雅珍贵的笔洗，无疑是由宋朝五大名窑烧制的，它们朴素、文雅、庄重、厚实。明朝时开始用铜造笔洗，清朝时，又开始仿制五大名窑的瓷笔洗。

砚屏，最初是放在砚台前用于遮风挡阳的小型屏风，防止研磨出来的墨汁干涸，后来发展为专门用于陈设观赏的工艺品。砚屏通常以木头为框，镶嵌带有美丽纹理的云母石或大理石，或者有美丽花纹的木板，后来甚至有玉板。也有砚屏在底板上撰写诗文或绘制、雕刻出人物、山水、花鸟、风景等图案，然后镶嵌在框架内，便成为文房珍物。

此外，还有砚滴、水丞、笔架、笔捺、墨盒等等。文房清供可谓包罗万象，而且材质丰富，多数工艺精美，是文房中不可或缺的陈设。

现在还有一个与文房清供大致等同的概念"文玩"，可能是从文房清玩简化来的。两者的区分是，文房清供，可能侧重陈设的成分多一点，文玩则可能侧重把玩的成分多一点。总之，无论是文房清

第五章 匠心之文房

秋山狩猎白玉山子　清代　比德艺术馆藏

宜兴紫砂描金堆绘打枣图大笔筒　清代　故宫博物院藏

供，还是文房雅玩，都是指文房器具。文房器具最初是实用性用品，由于文人的参与，其制作越来越具有文化性、艺术性。如今，文玩门类和品种越来越多，它们做工精细，美观大方，可用可赏，成为书斋陈设的重要器物。

当下拍卖市场的器物门类，一般分为瓷器、玉器、书画、珠宝和杂项等。文玩并没有单独成类，而是散见在各大门类中，换句话说，各大门类中用于书斋陈设，特别是书案上的陈设都可以是文玩，文玩其实是一个相当广泛的艺术杂学门类。当然，一般意义上的文玩，往往比较小巧，既可供装饰于案上，又可把玩于掌中，古玩界又有"小器大样"之说。现代意义上的文玩，可以扩展为带有传统文化气息的赏玩件或手把件。

笋形陶水盛　清代　陈鸣远　南京博物院藏

第五章　匠心之文房

五、文玩与中国人的情趣

中国人现在几乎是全民盘珠子，各种材质的珠子都有，玉、南红、绿松、紫檀，最常见的是菩提子类。为什么盘？可能是一种表达信仰与情趣的方式。

现代生活，大大拓展了过去的文玩概念。如今但凡能在手上把玩的都是文玩，文玩菩提、文玩核桃，甚至出现了文玩刀。按现在人们对文玩的理解，在河滩上捡起来一块小的鹅卵石，盘出了包浆也可以称为文玩。

实际上，文玩一词，可以分解为两个字，即"文"与"玩"，可以理解为"有文化""可把玩"。无论是文房用具还是茶具，甚至是手串，都可以归入文玩范畴，那么，到底什么是文玩？笔者认为文玩不能泛化。文玩，应当包括以下几个关键词：文化根源、工艺价值、品味、情趣。

文玩，玩的不仅仅是物件本身，而是背后的文化和情趣。当下中国人青睐、收藏文玩，很多是基于投资和保值升值的目的，这当然无可厚非。一个有品味的书斋，能收藏、展示、把玩自己的珍爱文玩，应该是多数中国文人的梦想，是文人书斋梦的一部分。笔者相信，文玩背后的文化和情趣才是其真正的魅力，才更能吸引人，而不

《米芾拜石》图　明代　陈洪绶　上海工美 2007 年春季艺术品联合拍卖会

第五章 匠心之文房

春泉小隐图墨　清代　汪近圣制

描金彩绘套墨　清代　胡开文制

仅仅是保值增值。有不少文玩收藏者，完全倾斜于文玩的保值增值，而淡泊了文玩的文化品味和情趣，必然难以长久维系把玩，进而失去文玩本身的价值。

文玩无贵贱，文玩没有最好的，只有最适合自己的。一件好的文玩，一定是某种精神的载体，情趣的物化，或大或小，或巧或拙，经岁月沉淀，与赏玩人气息相通。玩文玩的过程，是涵养心性的过程，彰显着赏玩人的情趣和品位；同时也是发展心智和德性的过程，体悟前人的匠心，理解匠心的宝贵。没有哪个国家像中国人一样，这样喜欢文玩。功利也好，情趣也好，当下中国，是一个文玩产业蓬勃兴盛的时代。

第中章

匠心与敬畏

大克鼎

西周大克鼎为商周青铜重器，通高93.1厘米，口径75.6厘米，重201.5千克，为首批禁止出国（境）展览文物之一，现藏于上海博物馆。

大克鼎器壁厚实，形制雄伟。鼎口有大型双立耳，口沿微敛，腹略鼓而垂。鼎足着地点比上端略宽大，是商代柱足演变为周代蹄足的重要例证。大克鼎腹部波曲纹环绕全器一周，波曲纹打破了兽面纹的对称规律，产生一种韵律感。西周大克鼎腹内壁铸有铭文共计290个字，铭文内容具有重要史料价值。铭文铸造十分精美，是西周晚期代表性的金文字体。大克鼎当属艺、文、技的完美结合。

西周大克鼎1890年出土于陕西扶风县，几经周转，由潘祖荫重金购得。潘氏家人历经磨难，守护着大克鼎。新中国成立后，潘氏后人潘达于将此鼎捐献给国家。

第六章 匠心与敬畏

一、敬畏与谦卑

从器物看历史，中国历史上伟大的工匠们，因为对技艺的敬畏，不仅成就了中华文明，也通过留存的、独具匠心的器物所呈现的精巧技艺，让文明延续，从未中断。20世纪80年代以来，中国的发展成就毋庸置疑，但这几十年来粗制滥造、假冒伪劣的事情却时有发生，为何会有这样的现象？很多人认为，是现在的工人们不及古代的工匠们有匠心。古代工匠们多具有匠心，这是他们对职业的敬畏。社会越是发展，社会中的每一个人，大到国家领袖、小到普通工匠，对自己的职业都更要有敬畏之心，更要有匠心。

在科技不够发达的时代，特别是远古时代，谦卑是人类在自然伟力面前呈现的普遍状态，是一种求生的本能。谦卑是不含道德色彩的，是一种集体的无意识。在社会各方面较为发达的今天，多数人已无衣食之忧，谦卑则被视为一种美德。人为什么会把谦卑当作一种美德，因为谦卑是基于敬畏，基于一种素养，一种有意识的素养。

古代人类对自然、社会和人类自身的探索，主要分为两个大的方面。一方面是对劳动技术的不断探究，不断提升劳动生产水平。这主要由卓越的工匠们推动，他们从生产实践中不断总结、思考、提升技艺。另一方面是对科学、理论进行探究，最早应该是由中国

匠心的逻辑

虎食人青铜卣　商代　日本泉屋博物馆藏

和世界各国的古代哲学家们推动。他们深邃思考、潜心探究自然的本源，如古希腊哲学家，在数学、物理学、天文学等方面颇有建树；而中国的哲学家们，在朴素辩证法、阴阳五行、认知论等方面自成体系。在神秘莫测的大自然面前，无论是匠人还是哲学家，最容易感受到自身的渺小和无助，也最容易心生谦卑和敬畏。

我们可以想象，面对江河湖海，普通人可能不会进行太多的思考，而古代的哲学家们一定长久地凝视过它们，因此留下许多金句，"人不能两次踏进同一条河流"，"上善若水，水善利万物而不争"。先哲们被水生生不息地流逝打动心灵，被水不懈进取的精神开悟思维，被水的柔软所征服，被水的承载力所折服，从而智慧地悟觉了生命存在的意义，内心油然生起谦卑和敬畏。

古代哲学家，即科学家，如同当代哲学博士（PhD），并不仅指研读哲学的人。哲学，是所有学科之母，哲学家应该是全科学者。人们对学术的敬畏，是促进自然科学、社会科学、文化艺术繁荣与发展的动力。

当今世界，大到国家之间、小到个人之间，关系复杂，风险难测。经历过各种险恶的人，无论是大国领袖还是普通人，大多都能如同古人面对自然一样，明白无论自身多么强大，一定是山外有山、天外有天，有我们无法左右和战胜的力量存在。正是出于对这种力量的敬畏，人类社会向前发展的大船才能避免被极端力量左右而倾覆。

在自然面前，在命运面前，人们出于敬畏养成了谦卑的品性，因为人们知道，自己不过是沧海一粟，受整体局势的影响，担当着自己的使命。人们要想征服自然，改变命运，首先需要敬畏自然，敬畏命运。

《程门立雪图》（局部）　明代　仇英

中国传统文化中，有很多蕴含着敬畏和谦卑的思想。孔子说"思无邪"，就真实地描述了他不虚妄、不夸大的内心和生活。孔子对自己认识得如此清晰，思考得如此透彻，正是基于他由敬畏生发而出的谦卑之心。又比如，中国人常说"恩爱"一词，从字面上理解，可以看出这个词蕴含着古人对爱的深刻理解，只有懂得生活的不易，心怀敬畏，心存感恩，多付出，爱才能长久。少了对生活之苦的体验，少了感恩，爱又能走多远？思考越深刻，敬畏之心越真，谦卑之心必然自来。

二、敬畏与崇高

我们通常认为,敬畏的情绪中包含有恐惧,但敬畏和恐惧并不能完全等同。恐惧使人产生卑怯,敬畏却使人产生进取之心。孔子说:"志士仁人,无求生以害仁,有杀身以成仁。"志士仁人,牺牲自己的生命也在所不惜。孟子说:"虽千万人,吾往矣。"纵然面对千万人(阻止),我也勇往直前,多有气魄!屈原说:"举世皆浊而我独清,众人皆醉而我独醒。"逆潮流而动,这是一种多么大的勇气!他们的思想里,包含着对某种价值的敬畏;他们的言语里,自然地折射出这种价值的光辉。

敬畏,让人产生进取之心,从而生发出崇高的心灵回声。心存敬畏的人,当内心出现矛盾冲突时,总能找到恰当的方式解决矛盾。能够合理地解决矛盾,正是人类最基本的崇高的展现。有敬畏之心的人,敬畏是具体的,是人性化的,是庄严的。只有以敬畏和良心为基础,人类才会合理地处理矛盾,打破局限性,获得智慧的秘钥。

我们阅读过古往今来许多宣扬崇高的故事,故事中的人物甚至可以牺牲自己的生命以成全内心追求的价值。新中国几代人几乎都是聆听着无数英雄故事成长起来的,小时候学赖宁、雷锋、刘胡兰,稍大些学焦裕禄、王进喜、时传祥等等。现在,大家对英雄人物有

匠心的逻辑

山西应县木塔　宋代

了更客观的认识和评价标准，将政治标准和道德标准进行了融合。比如，大家现在趋于达成共识，认为那些对父母都不孝顺的人对组织也无法做到真正忠诚。虽然在个别情况下，家与国、个人与组织会有矛盾，我们强调为了组织的利益可以牺牲一切，但真正的崇高是可以将这些矛盾进行合理处理的。

敬畏，可以使人崇高，也可以使人拥有崇高感，这是一个值得琢磨的问题。因为，崇高不等同于崇高感。崇高，是我们对人的行为的客观评价；崇高感，则是个人主观的心理感受或者心理反应。有信仰的人，会具有崇高感，但崇高感，却一定不会指向崇高。崇高与崇高感，仅一字之差，意义上的差别却很值得推敲。

由此，我们不难看出，崇高、崇高感与敬畏之间的关系，表现出了人性中一些有意思的东西。人文主义复兴以来，我们总在强调人的主体性。崇高感是人的主观感受，主体不同，经历不同，价值观不同，个人对于崇高的理解也就不同，形成的崇高感也不一样。本来，人们在崇高故事的激励下，心怀崇高感，可以做许多好事，但由于大家对崇高的理解不一样，在某种崇高感驱动下，受"替天行道""惩恶扬善"的故事影响，会出现"大义灭亲""杀妻飨士"之类的过激之举，导致出乎意料且不可挽回的结果，再细细想来又不禁寒颤。由此可见，信誓旦旦的"崇高感"背后，有时分明隐藏着一股"杀伐之气"的负能量。

崇高，本是落花无心。"崇高感"却是鼓动人心的，它突出人的主体性，凝聚着浪漫主义和英雄主义。因为崇高感不能脱离崇高而附着于人的意识，所以，笔者在这里郑重提示：要掌握好分寸，否则崇高感就容易向负面变质。因此，崇高感必须要基于对崇高的敬畏。

三、敬畏与民心

民心，即民意，指民众的思想、感情和意愿等。从社会心理学讲，民意分为个体心理和群体心理，本节主要指群体心理。

古今中外，关于民心的经典论述汗牛充栋，很多名言至今相通，仍有积极意义。如"得民心者得天下，失民心者失天下""得民心国家必安，失民心国家必危""水可载舟，亦可覆舟"等等。这说明，只有坚持以民为本、顺应民意、改善民生，才能赢得最大的民心。

一位作家在参加电视节目时说："唐代有诗歌，宋代有宋词，元代有元曲，明清有小说，现在我们有段子。"文以载道，切时如需，世道人心。人心，强调的是个体心理，人心的集合，即民心。当今，是一个官媒体和自媒体并存的时代，自媒体的影响力已不可小觑，随便打开一个，十万加的阅读量，多是猎奇、娘炮、腐败、特权……如此这样，人心，还能好吗？

近年来中国公众人物常有因文化缺失，发生犯常识性错误的情况，如有学者说"PM2.5污染严重和中国人的烹饪方式有关"，有官员说"高架桥垮塌是因为汽车超重"；还有一些社会性问题，如学术造假、艺人假捐、过度医疗、食品安全等，所曝光事件的荒

徐仲和临阎立本《唐太宗纳谏图》　明代　台北故宫博物院藏

谬程度让人瞠目结舌。这里不排除一些所谓意见领袖为吸引流量而设置一些特殊的话题，可为什么这些话题能吸引眼球？这也是人心啊！

由于对民心缺乏敬畏，一些公共机构的很多作为直接导致其公信力越来越低。当官方缺乏敬畏，缺乏诚意，我们该相信谁？为什么一些民众宁愿选择相信外媒报道、相信自媒体，甚至相信谣言，跟一些政府不作为、不太敬畏民心有很大的关系。当然，民众的负面情绪，可能和媒体的报道失衡有关，可是在类似问题重复出现、种种问题同时爆发后，官方是否可以通过更科学的方式、更诚恳的态度，给予公众一个合理的解释呢？只有对民心永葆敬畏之心，政府才会永远有公信力。

在中国历史上，优秀传统文化和道德对大多数人产生了深刻影响。敬畏，在千百年来的生活实践中，早已成为古人日常的生活经验和道德习惯，这甚至不需要再加以特别的自省和注意。在文人群体中，敬畏有更为深远的意义，因为它并非仅涉及当下，更是关乎未来。文人除了生活在邻里乡间，还在与逾越千年的灵魂对话，他们时时刻刻反躬自省，是为了成为心目中理想中的那个人。

对于一个组织来说，组织对成员同样要有敬畏之心。敬畏体现在组织预先制定怎样的规则和如何执行规则，规则的公正是建立在共同价值基础上的，这样才能产生组织凝聚力，组织的凝聚力即民心。社会越发展，信息越公开，民众越觉醒，敬畏就会成为一种习惯。没有敬畏，政党、组织、领袖，失去的一定是民心。

四、敬畏与技术

随着科学技术的发展，人变得越来越没有隐私。一方面是现代社会数字化程度越来越高，个人的行动轨迹都会暴露在大数据之下；另一方面是可以非常方便地利用高科技跟踪、偷拍，除了使用手机和针孔摄像机外，特别方便的秘密武器是"密拍眼镜"，打开以后，凡是自己眼睛看到的东西都能录下来。

这会让所有人员，特别是公众人物心存忌惮。越来越先进的技术，越来越多的眼睛，必定会让人有所警觉和收敛。"八项规定"一出台就刹住了公款吃喝风，见诸报端的许多官员纷纷被调查、被停职，大家意识到在自己身后有许多双"眼睛"盯着呢。事实上，习惯的影响力是巨大的，"八项规定"出台和人民的无数双眼睛，虽然从根本上让"四风问题"得到纠正，但仍有一些宴请活动已转战私密场所，甚至上有政策下有对策地用矿泉水瓶装起了茅台酒。

现代技术的进步已经让人变得越来越没有隐私，难道各种监督特别是各种跟拍技术还不能让人产生敬畏之心吗？毫无疑问，技术的进步让监督变得越来越便利，监督的成本也越来越低，可见技术并不是影响敬畏的关键。

我们知道，敬畏主要源于内心的认同，也有通过外部环境强化

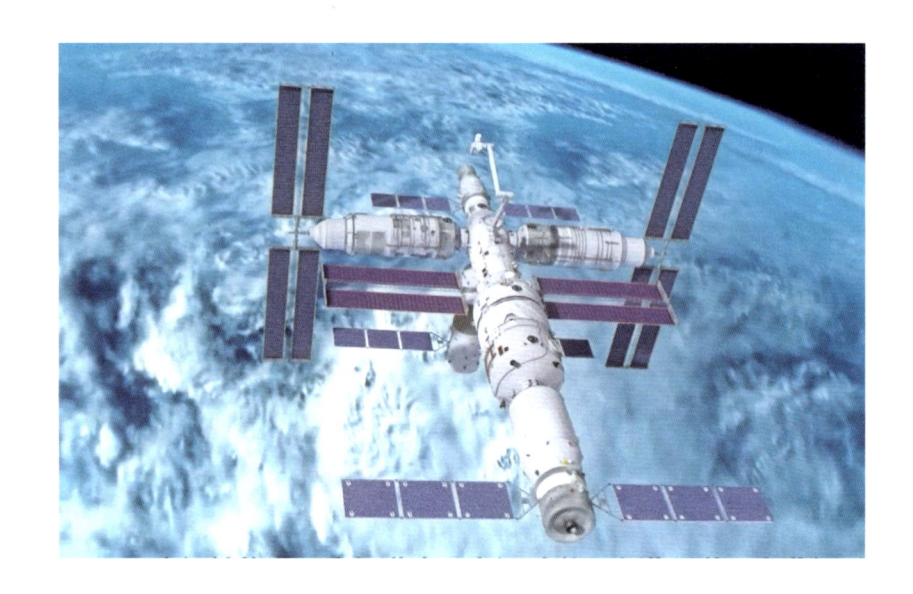

中国载人空间站

中国长征五号运载火箭点火升空

熏陶而成的，例如风俗习惯。在当今这样的环境下，官员为应对上级检查和人民监督，他们本身的生存方式可能会形成两面性特质，或曰"两张皮"。来自组织和人民在技术上的监督，这好像一束光，可以透视出他们的权力生态网，却难以打破网下的运作规则。技术能起到一定的监督作用，甚至是比较强的监督作用，但不是关键作用。

技术，虽然不是影响敬畏的关键，但我们也不应忽视技术进步的巨大意义。除了上述影响，技术进步还会导致信息日趋对称，导致神圣光环的消失，从而可能导致一些人价值和信仰的崩塌。即便这样，仍有一些内心坚定、不愿屈服的人，他们用自己的行动，表达了对于价值的信仰和敬畏，并凭借着信仰和敬畏所产生的能量，推动人类历史得以有尊严地继续向前。这正是人之于敬畏的意义，而非技术之于敬畏的意义。

存在主义哲学认为，传统意义上的"敬畏"并不重要，因为人的选择、人的行为，决定了人的敬畏，而非敬畏决定了人的选择。这样说不无道理，否则就无法解释那么多人总是在善恶间摇摆。但是，存在主义者也是怀有深刻的敬畏感的，因为，他们敬畏技术，反而可以获得"自由"。事实上，当一个人敬畏什么，他就在向什么靠拢。当他敬畏技术，他会更看重技术的作用，技术就会成为他的护身符，这样就容易获得真正的自由。

五、匠心与敬畏

前几节已从不同的角度、不同的层次，谈到心存敬畏。心存敬畏者，不一意专行，不刚愎自用，不固执己见，不唯我独尊，不虚与委蛇，不逃避责任，在适当的时候采取积极行动，就能内生蓬勃的力量从而承受风险和压力。

匠心，就其本质而言，是一种敬畏。近年来，"匠心"成为各行各业、各个层面的热词，曝光率飙升。很多商家的宣传和广告都用"匠心"造势，其目的只有一个，就是将匠心上升到做企业品牌的高度。当下时代的重要特征之一，就是品牌主导。我们对于世界经济强国的了解和认识大都是从品牌开始的，当我们反思我国在世界经济舞台上的不少领域尚缺少品牌时，不如说我们缺少的是匠心。

匠心，本是古老中国的传承，深植于我们的传统文化之中。而在追求效率、讲究成本的当下，眼前的利益驱动常常会让人忘了初心，商品假冒伪劣、粗制滥造的情况时有发生。但现在越来越多的人认识到匠心的重要性，随着消费的升级，市场更加青睐那些有特色、高质量的产品。令人欣喜的是，在当代，匠心不再局限于手工艺范畴，而是扩展到各领域形容追求专业极致的精神。匠心，不应

第六章　匠心与敬畏

三星堆扭头跪坐人青铜像　三星堆遗址四号坑出土

该只是宣传的噱头，而应该是一颗敬畏之心，是一种打造精致产品或作品的态度和责任。

匠心，究竟是什么？每个人有每个人的理解，而今更是众说纷纭，仁者见仁智者见智。在笔者看来，匠心包括以下几层含义：

匠心，就是要敬畏自己。每个人都要清楚地认识自己，做出最符合社会需要且最适合自己的选择，一经选定，无怨无悔。人的一生会面对很多选择，很多人总是在不断地重新选择，不断地转移做事的方向，倘若经常这样，匠心必定难能铸就。

匠心，就是要敬畏匠艺。匠心，代表了一种执着、一种纯粹，体现在对产品的精益求精上。在制造产品和提供服务的过程中，人人都要有敬畏之心。只有心存敬畏才能守住"底线"，才能对事业和工作一如既往地执着。三百六十行，从不缺乏匠人们对精湛技艺和成功事业的渴望，缺乏的是成功到来前，匠人们凝心敛气的沉静与专注。日积月累专心致志，唯有匠心才得从容。真正的匠心，更多的是给自己的心一个交代，而不单是为了外在的评价。

匠心，就是要敬畏社会。时代需要一种"匠人精神"，以一种敬天畏人的态度，对抗做人做事日渐浮躁之风。匠心，推而广之，是指对工作精益求精的态度，是把工作当作信仰的执着追求。如果我们都对所从事的工作充满敬畏，就会把平凡的工作当作一种修行，这样，就一定会发自内心地热爱本职工作，全社会才会累积出非凡的成就。

匠心和敬畏，是一种精神、一种信仰、一种情怀。

匠心和敬畏，是一种态度、一种传承、一种坚守。

第七章

匠心与敬业

秦始皇陵兵马俑

秦始皇陵兵马俑，是第一批全国重点文物保护单位、第一批中国世界遗产，位于今陕西省西安市秦始皇陵以东1.5千米处的兵马俑坑内。

兵马俑大部分是先用陶模做出初胎，再覆盖一层细泥进行加工刻画加彩，有的先烧后接，有的先接再烧。每一道工序中，都有不同的分工，都有一套严格的工作流程。

秦始皇陵兵马俑被誉为「世界第八大奇迹」，它之所以达到如此的高度，除了工匠的技艺，还与工匠们的敬业精神有很大的关系。兵马俑的制作工匠是处在社会底层的陶工，但都是经验丰富的优秀陶工。不少陶俑身上发现有陶工名。在陶俑身上刻划陶工名，源于战国中期秦国的「物勒工名」制度，这是保证产品质量的一种重要手段，也是保证工匠们敬业精神的一种重要手段。

第七章 匠心与敬业

一、敬业与信念

敬业，"敬"包含了尊敬、敬重和敬畏等意义，强调的是个人的心理、态度、观念和信仰等；"业"对应的是行业、事业、职业、业务，主要是指人的工作和职业。简单地说，敬业就是专心致志以事其业，对事业有坚定的信念和执着的追求，尤其是要有责任心和使命感。

信念，是指对事物的判断、观点或看法，相信一件事是事实或者必将成为事实。信念，是十分珍贵的意志品格。无论从事哪个行业，如果想做成事，有信念是非常重要的。比如做企业，天下没有容易做的生意，天下也没有做不成的生意，这是每一个企业家的必要信念，没有这种信念，是很难将企业做大做好的。

信念中的"信"，就是不怀疑。人类在不断进步的过程中，认识世界和改造世界的能力已经大大提升了，但还有很多未知的领域，但是你必须相信它、敬畏它。"念"是感恩。在各行各业中，获得成功并能长久持续下去的一定是少数，比如很多企业家成功后，"念"着企业成功得益于很多人鼎力相助，便热心投入公益事业，回馈社会。

信念，就是深信不疑、执着坚守、坚定不移，就是鞠躬尽瘁于事

宋刻本《史记》　国家典籍博物馆藏

陕西韩城司马迁像

第七章 匠心与敬业

业的敬业姿态。敬业，本是一个道德范畴，是一个人对所从事的工作高度负责的态度。工作处于顺境时，敬业可能不难，但凡事不可能一帆风顺，当工作碰到困难、处于逆境时，往往压力巨大，甚至举步维艰，许多人会无法坚持到底。这时，唯有信念，才能让人承受住各种压力并坚持到底。

除了上文提及的道德范畴，敬业还有一个内在驱动力，就是对自己职业的热爱，甚至痴迷。当一个人发自内心热爱一件事、一项工作时，就会非常投入，甚至不计报酬。这样，敬业必将会成为一种习惯、一种自然状态。敬业者会更加坚定信念，不易为外界所动。这对个人而言应该是件很幸福的事情，这也是笔者希望大家尽可能按个人的兴趣选择职业的初衷。

人的一生，将翻越千山万水。无论是做企业、做学问还是从政，要开创一番事业，每个人都面临许多未知，需要有坚定的信念，才能过关斩将，才能经受住千难万险的考验继而从容向前。有信念，知敬畏，懂感恩，这并不是唯心主义。人的信念，与他的工作与生活环境息息相关，明白耕耘与收获的含义，懂得成就一番事业的艰辛，才能心怀敬畏，心存感恩，从而更加敬业。有信念，就会在自己的岗位上忠于职守，不计得失；有信念，做事就会身体力行，尽力而为；有信念，就会充满勇气，勇往直前。

二、敬业与信仰

信仰和信念，密切相关，但二者明显不同。信念，主要表现为人们内心的判断标准和行为动机；信仰，侧重强调人们对某种学说、某种理论的认识和态度。

信仰，最初是指天地信仰和祖先信仰，广泛用于宗教，指对宗教的崇信敬仰。近年来，信仰成为中国社会的高频词，广受关注。一方面，这与我国经济高速增长有关；另一方面，也与相伴而来的社会问题多发有关，很多问题的出现是因为当下信仰的缺失。

人类进入文明时代以来，能否解决信仰问题是最重要的问题之一。信仰，是人类文明的灯塔。真善美的信仰，对应的是假恶丑。人，与生俱来有对真美善的需求，而且是永恒的需求。如果把人的信仰比作是一棵大树的根，果实则是一个人生命呈现的全部内容。一个人的根若是私情邪欲，他所结的果子极有可能就是见利忘义、欺骗欺诈、伤天害理。一些人认为，有没有信仰无所谓，反正世界上没有上帝，做好事或做坏事，有什么分别？这种想法其实也是一种"信仰"，只是这样的"信仰"会导致更甚的假恶丑。

人类必须有信仰。人类一旦有了信仰，就会自觉维护人类社会的良性发展与运行，落到个体而言，敬业就会成为个人的必然选

第七章 匠心与敬业

剔红放鹤图雕漆圆盒　清代　首都博物馆藏

云龙戏珠雕漆圆盒　清代　河南博物院藏

河北省赵县赵州桥　　隋代

择。敬业，是中华民族的传统美德，是当代中国的职业道德和行为准则，是人们追求幸福生活的保证，从某种意义上讲，敬业本身也是一种信仰。过去人们看待敬业，更多的是在道德层面进行考量，很少从信仰角度考量。从道德层面考量敬业，敬业可能是基于某种约束，是被动的；从信仰层面考量敬业，敬业可能是发自内心的，是主动的。因为有信仰，人们对工作会更加投入，更容易养成敬业的行为习惯。

人类社会的发展需要敬业的人。国家需要敬业的人来维护国家安全、推动行政体系的运行；企业需要敬业的人让企业得以生存和发展；学校需要敬业的师者传道授业解惑；医院需要敬业的医护人员来保障人们的生命与健康。人人都要有敬业信仰，唯有敬业信仰，让你无论身处何处，无论担任何种职位，都会尽职尽责尽力做好本职工作。人人都有敬业的信仰，就会形成推动社会进步的强大动力。

三、敬业与价值观

在前一章中,我们讨论了人的敬畏之心与他所处具体环境的关系,而敬畏之心,也直接影响着人们对待事业的态度,心存敬畏方能敬业。

我们在本章从不同的角度谈敬业,是因为敬业可以做出多维度的解读。中国历史上工匠的典范很多,虽然他们中的绝大多数没有留下姓名,但留下了众多器物珍品,便是留下了"事迹"。文人士大夫敬业的典范当属诸葛亮,"士为知己者死",因为感激刘备的知遇之恩,诸葛亮一生不辞辛苦,兢兢业业,呕心沥血,实现了他在《后出师表》中所言"鞠躬尽瘁,死而后已"。

纵观历史上的敬业者,有一点是共通的,那便是他们都有强大的价值观体系。中国历史上的工匠艺人、文人士大夫,因为有正确的价值观和信仰,都能恪尽职守,将自己的职业作为终身的理想在经营。作为价值观范畴的概念,敬业反映了个人对其所从事的工作的认知、态度、信念以及各种行为规范等。

敬业,不仅是一种工作方式,更是一种价值观。敬业,作为中国优秀传统文化中的一环,它对个人的要求和塑造是全方位的。敬业,不仅是指专心致志,踏实肯干,任劳任怨,精益求精,做好工作范畴内的事情；敬业，也意味着要树立崇高的职业理想，在实现自我价值的同时，竭尽所能地为社会做出贡献。

作为一种个人价值观，敬业反映了个体的选择和坚持；作为社会价值观的一部分，敬业又是社会建构的动力和方向。我们的社会价值观是否让敬业的个体有尊严、有价值，决定了我们的人民是否更有敬业精神。

在中国过去的文化语境下，文人士大夫们的"敬业"与他们从小受到的文化熏陶相关，深受中国传统文化中蕴含的价值观影响。在现代社会里，人们的敬业精神则与当前的文化特点、道德规范、管理制度等密切联系。因此，我们谈论敬业，不应只孤立地观察公民的职业行为，更需要深入分析引发或产生这些行为的社会价值观。

第七章　匠心与敬业

翠玉白菜　清代　台北故宫博物院藏

四、匠心与敬业

人满一百,形形色色。任何一个时代、任何一个国家、任何一个人数较多的单位,都不可能实现人人敬业的理想状态。

导致人们敬业精神缺失的原因是多方面的,从个人自身角度看,一些人缺乏敬业精神与其个人情况有关,如文化素养低、专业技能不足、事业心不强、责任心缺乏、职业选择与个人兴趣严重不匹配,等等。

从单位和社会层面看,单位层面,可能与制度设计和文化塑造方面的问题相关;社会层面,可能是社会的价值导向出现问题。这两者有许多共性,概而言之,主要包括以下两个方面的原因。

一方面,以人为本的思想未能确立。社会和单位都要高度重视人才的作用,人才是具有岗位竞争优势的人,是具有资本价值的人。许多管理者对人的重视不够,缺乏以人为本的理念,甚至随意损害员工的合法权益,导致员工敬业精神缺失。在缺乏安全感、发展前景不明朗的情况下,一些人会缺乏敬业精神,认可度、忠诚度比较低。

另一方面,未能建立公正的评价体系。人们的普遍观念是不患贫而患不均,行业差距过大,贫富差距悬殊,特权问题严重,会引发人们心理失衡。政治学、经济学、管理学都告诉我们,平均主义肯

第七章 匠心与敬业

黄花梨交椅　明代　美国明尼亚波利斯艺术馆藏

定是不好的，只有打破大锅饭、打破平均主义，社会才有发展的动力，单位才有发展的活力。绩效优先，拉开差距，只要让人觉得公平就好。如果干和不干一个样，干多干少一个样，干得好的不如说得好的，一定会伤害了那些踏实肯干、兢兢业业的人，从而会极大地抑制社会、单位团队敬业精神的形成。

如何才能让大多数人敬业？中国的传统文人已经做出了表率，匠心成就敬业，形成匠心文化，至关重要。中国文人提倡"人能弘道，非道弘人"，人才是社会真正的主体。人若只追求"小我"，虽困难，却不难做到，若要做"治天下，遗来世"的"大我"，则无论如何离不开"匠心"二字。

中国历代文人士大夫们用自己的实践证明了，唯有匠心才能弘道，他们那种心系天下的博大胸襟，至今仍令人振奋。孔子希望以儒家思想治国，历代君主多以儒家思想作为统治工具，孔子因其匠心在中国的政治、文化、教育历史上的地位无与伦比，所以被尊称为"至圣先师"。一些高明的政治家，则匠心地将孔子的理论融合法家、阴阳家的思想以治国，用以宣扬伦理纲常，让国家获得了不一样的发展。孔子也好，优秀的政治家也好，这种匠心当属最高层次的敬业。

中国历史上并不缺乏形成匠心、倡导敬业的文化，现在的问题是，在形成匠心文化和敬业文化的同时，还需要有制度来保障。在当代，以制度来保障匠心、保障敬业，表现为法律和制度的制定。一个人的匠心和敬业并不是空洞的，而是可评价、可鉴证的。应充分发挥文化和制度的双重作用，在文化上倡导、在制度上保障，让每个个体的匠心和敬业，转化为社会绝大部分成员的匠心和敬业，这是一种责任，更是一种匠心。

第八章

匠心与管理

秦两诏铜权

秦代两诏铜权，高7.2厘米，底径5.4厘米，重247.5克，西安秦始皇陵墓出土，现藏于陕西秦始皇帝陵博物馆。

该铜权棱柱体，上部略收，平顶上有鼻钮，体有瓜棱九道。为增大器表面积以载铭文，铜权表面刻有始皇诏书40字和二世诏书59字，另刻符号1字。权身被设计为空心钟形，顶部呈伞盖状，鼻钮。器表铸成多道觚棱，铭文即錾刻在觚棱间的平面上。一为秦始皇的诏书，另一为秦二世的诏书，它们是秦代关于度量衡制度著名的"两诏"。

"两诏"的颁布是秦代统一度量衡、加强管理、发展经济的重大举措，充分显示了秦王朝对管理制度的高度重视，对后世产生了极其深远的影响。秦代两诏铜权是秦朝管理理念和管理制度的重要实证器物。

第八章 匠心与管理

一、管理与自律

管理，本是这个世界最难的事。但很有意思的是，很多人可能会说自己不懂专业、不懂技术、不懂经营，却很少有人会说自己不懂管理。

管理之难在于，被管理者和管理者之间存在冲突。如果管理者和被管理者的价值观、目标、执行过程等无冲突，管理就没有太多存在的价值了。这里面有我们常说的企业所有者与委托经营者的冲突，其实更多的是非所有者管理者如职业经理人和被管理人员的冲突。因此，管理就是要围绕共同的目标，尽可能减少管理者与被管理者之间的冲突。

让被管理者尽可能做到自律，是减少冲突的有效办法。自律，本意是指遵纪守法，自我约束，引申开来，是一种敬业状态。管理，大体可以分为公共管理和企业管理两大类。管理学，主要解决三大问题：正义、效率和公平。效率、公平和正义，是企业管理的三个层次，是企业的三种境界。正义、公平和效率，是公共管理现实道路的演进。

企业必须解决的三大问题：战略规划、制度设计和文化塑造。研究企业的人主要研究这三大问题，做企业的人主要解决这三大问题。制度与文化是实现企业发展战略的两大支撑系统。如果从这两大支撑系统来分析，公司的管理则不外乎两种方式：一种是制度管理，一种是文化管理。制度逼人自律，文化让人发自内心地自律。

商业时代到来，庞大的经济、交流的便利、无所不在的媒介，共同改变着人们对于现实的认识和想象，曾几何时，好像打开了潘多拉的盒子，将欲望、贪婪一股脑释放出来，唯独将自律锁在盒子里。这不是资本主义独有的特点，这几乎是现代社会的通病。

社会需要靠持续的、理性的企业活动，来追求利润并且是不断再生的利润，资本主义和社会主义社会都需要。商业精神在新时代确立了新的敬畏，它在企业行为中等同于自律。放眼全社会，无数工薪族，精神抖擞的脸、急速奔走的身影，像是另一番意义上的朝圣图景，这何尝不是一种体现着时代精神的自律。

如今，人们通过微博、微信，频频转发一些关于管理和自律的文章，这的确是在共同参与建构商业时代的管理文化，我们都能从中感受到积极向上的精神。这种蕴涵着广义宗教精神的管理文化和自律精神，或许比狭义的宗教信条、教义、仪式等，更符合管理的本真含义。

第八章 匠心与管理

毛公鼎及拓片（局部）　西周晚期　台北故宫博物院藏

二、管理与忠诚

　　自律和忠诚有很多相似的地方，但自律主要是评价个体自身，忠诚更侧重于评价个体与组织或与其他个人的关系。过去，人员流动性不大，同一个单位，或同一个镇的一条街，乃至一定范围内的整个社会，大体是相熟悉的人们，在大体类似的环境中生活着，所以，忠诚之类的道德规范，似乎是应有之义。如今，人员流动快，信息传递的速度更快，忠诚，越来越受到重视。忠诚，一定有一个对象的问题，即对谁忠诚，可以是组织，也可以是个人。因为本章节主论管理，所以，这里侧重谈个人对组织的忠诚。

　　在组织层级上所处的层次越低，忠诚的价值便越小，个人的才能相对来讲更重要一些，只有表现出卓越的才能，才有机会获得快速的晋升。随着层次的提升，除了要具备能力，还必须表现出忠诚。因为，一般人员背叛，纵使离开，对单位的损害也不大，而层级较高的人就不一样，很多单位怕出了叛将，又出叛军。因此，从组织管理的角度讲，会尽最大可能去提升成员的忠诚度，特别是中高层管理人员的忠诚度。

　　日本人对企业的忠诚，曾一度为人称道，这与他们的文化和战后特殊时期采取终身雇佣制有关。二战后，日本经济受挫，劳动力也

第八章 匠心与管理

"虢季子白"青铜盘　西周　中国国家博物馆藏

故宫乾清宫正大光明牌匾

湖南省双峰县曾国藩故居富厚堂

面临紧缺，松下公司率先采用了终身雇佣制来解决劳动力不足的问题，一旦成为公司雇员，几乎等同于端了个"铁饭碗"。同时，他们还实行"年功序列工资制"，员工们凭学历和工龄长短，获得加薪和职务晋升的机会。这些制度，对于企业稳定熟练工人和技术骨干起到了积极的作用，它们的广泛实施，促使日本经济在二战后得到了突飞猛进的增长。

随着新兴科技的发展，如今强调创意的高科技产业和文化创意产业，已是由年轻人主宰的行业，原有的用人机制，在一些传统行业中虽还能支撑，但大都已无法适应现代科技条件下的企业竞争环境。在激烈的竞争中，如何培养员工稳定的预期，从而提高其忠诚度，是我们当今的企业需要探讨的问题。

作为企业，适当地解聘一些表现不佳者，以保持员工队伍的竞争力和活力。同时，给予核心员工以及具有创造力的新员工发展的机会，提供公平合理的报酬，把核心员工当成资本来对待，也许是当前企业关于人力资源开发与管理制度设计的出路。

三、管理与权力

企业管理和公共管理这两类管理与权力的关系,从表面上看似有不同,但究其本质,却是一样的。

企业管理,一定是股份最多者行使最终管理权,因为股份最多的人,从理论上讲,他们最关注企业的绩效。决策结果无论好坏,利益最相关者是他们,最能承担、最需承受、最该受益的也是他们,因此,请他们行使管理权是对企业负责。

至于公共管理,人类为了更好地生存与发展,必须建立各种形式的社会关系,于是,形成了社会分工。为了使集体的价值资源能够被有效利用,亦即最能够代表集体意志,产生最大的价值增长率,人们必须推选出一些道德品行好、领导能力强、利益相关性强(多数人投票支持,类似于股份数多)的人,来支配这些公共资源,并赋予相应份额的资源支配资格,这种资格就是权力,这也是民选政府的政治逻辑。

诚然,中国古人对此早就有深刻的认识,"天赋之权在民",而不在政府或者当权者。如果看不到这一点,古今中外任何自以为真正掌握了对民众生杀予夺大权而滥用权力的统治者或权力机构,最终都必定受到历史的审判。对手中的权力保持一份敬畏,这便是权

第八章　匠心与管理

金交龙钮"广运之宝"　清代　故宫博物院藏

白玉盘龙钮"大清受命之宝"　清代　故宫博物院藏

错银"堂阳侯"虎符　西汉　中国国家博物馆藏

力伦理。

当今，对公共管理职能进行了一些延伸，广义的公共管理者，包括以政府为主导的公共组织和以公共利益为指向的非政府组织（NGO），它们共同在公共管理中发挥着积极的作用。但笔者认为，非政府组织这个概念不科学，因为企业也是"非政府组织"，不如称"第三部门"更合适。政府组织、非政府组织、企业组织构成了社会组织三大主要类别。本书仍沿用官方的称呼。

与资本一样，无论是在公共管理领域，还是在企业管理领域，权力都具有扩张性，原因则是人的欲望和贪婪。权力，有必要的一面，即没有权力就无法进行管理；权力，也有罪恶的一面，必须对它进行制约。如果我们否认权力的必要性，就容易走向无政府主义；如果我们忽视了它与欲望结合滋生罪恶的可能性，就容易走向专制主义。因此，我们不能以权力的罪恶面，否定权力的必要性，也不能以权力的必要性，否定权力的罪恶面，而是应该对权力进行制约和规范，使它能够更好地为管理服务。

为了实现公民与政府、私人利益与公共利益的和谐，我们在赋予政府权力的同时，又必须对权力进行制约，这是对权力扩张本性的警惕，也是对人性不信任所使然。对私权充分尊重和敬畏，努力为政府权力确定边界。权力边界是市民社会最重要的边界，权力的本质属性，会让民众的心理倾向于弱者，确定权力边界，就是为了尽可能地保护弱者。权力具有强制性，这一特点决定了行使权力的官员处于官民矛盾的主要方面，群众则处于次要方面，因此，必须制衡的是行使权力的一方，必须保护的是被管理者。

企业管理中，权力使用有着大致差不多的情形。事实上，企业很难对公权形成压力和冲击，但现代技术一直在不断改变公共管理的形态，改变对权力的监督方式。企业综合实力的强大，也使公共权力产生危机感。一些世界知名的企业家，他们的知名度，比很多中小国家元首的知名度还高、影响力更大，在一些关于最能影响世界的人的民调中，很多企业家和大国政要、宗教领袖并列齐名。企业的力量，正在影响世界、改变世界，以至于人们甚至开始担心，是否有一天企业会收购国家？如果法律允许，这样的权力扩张不是没有可能，即用企业管理的方式来管理国家。

四、管理与产权

拙著《企业的智慧》提到,"我们经常可以听到由于职业经理人的职业道德问题而引发的抱怨。许多企业声称,自己花大力气培养出的职业经理,在掌握了产品技术、客户资源,甚至管理方法之后,最后往往就成了自己最重要的竞争对手,甚至成了企业的掘墓人。""从职业经理人本身来看,由于企业对职业经理人缺乏信心,职业经理人自然就不会以公司为家,全身心地为企业工作,不可能对企业有较高的忠诚度,一旦有了更好的机会,就会不顾企业的利益谋取自己的利益或放弃现在的企业。"

职业经理人与企业的关系,不像农民与土地是天然联系在一起的关系。要想培养并解决经理人的职业道德问题,首先要解决的是,如何将他们的命运与企业命运联为一体,使他们有恒产进而有恒心。这个恒产,即人力资本的产权,职业经理人的人力,要作为资本登上历史舞台。

笔者曾对企业家和职业经理人做过区分:企业家,从最本质的意义来讲,他必须是所有者经理,就是在为自己办企业的人,并且,只有当所有者经理具备了一些特殊的能力要素和品质要素,才能称得上企业家。与所有者经理相对应的一个概念,就是职业经理,所谓

第八章 匠心与管理

职业经理，则是帮助所有者管理企业的经理人。

职业经理人行使企业经营管理权，从而获得工资收入，所有者经理人的主要收入是资本收入、工资收入。两者都可能有控制权收入，如果所有者经理人不具有100%股权，他的控制权收益就是有意义的。

职业经理人与所有者经理人的差别是显而易见的：后者利益与公司利益是一致的，而前者则永远处在公司利益与自己利益相平衡的点上。所有者经理和职业经理的本质差别，在于后者没有资本收入。职业经理人的控制权收入则可以形成"灰色"新收入。这样就很难保证职业经理人不选择利用控制权获取利益，职业经理人对于企业的忠心和敬畏，也就无从谈起。

在纯国有企业，企业负责人由于在企业不占有任何产权，没有稳定的利益预期，他不确定自己能在这个位置上干多久，甚至也不需要对他所做的某些决策的后果承担相关责任。国有企业里，任何负责人即使是董事长，也是职业经理人。由于缺乏产权这种真正使他

《企业的智慧》中、法、阿文版封面

们与企业同呼吸共命运的联系纽带，如果监管不到位，有些国企领导会选择在自己认为安全的条件下，最大限度攫取眼前利益也就不足为奇了。因此，现代企业，无论国企还是民企，企业的制度设计，必须考虑优秀职业经理人的产权问题。

不只是在企业中有利益选择决定道德成长的问题，在经济领域甚至整个社会领域都存在利益选择与道德成长的问题。比如民主政治取代专制政治，选举制取代世袭制，任期制取代终身制，这些无疑都是历史的巨大进步。但世袭制也有一个优点，即世袭人都有一个基于产权或类似于产权的稳定的预期，他们大多数人从利益选择的角度，会在一定程度上进行自我约束。

在西方多党制国家中，如何确保当选的人好好干？希望本政党持续执政是一种利益预期，当任者希望青史留名是一种利益预期，希望得到民众爱戴也是一种利益预期，后两者有点类似中国的"士"的精神追求。但这样的利益预期，能给当任者在道德选择上多大的作用是值得思考的。这也是现代西方政治制度设计必须深思的问题。

五、匠心与管理

管理问题,万变不离其宗,无非制度设计和文化塑造。无论是国家还是企业,要想做好管理,都必须从制度和文化入手。

好的制度和文化,能够帮助国民和员工树立正确的价值观,调整转变人生态度,全面提升个人素养,使他们能够自觉地遵守社会道德和职业道德,将敬畏敬业精神落实到日常生活和工作中。不好的制度和文化,则往往让国民和员工无法摆正自己的心态,一旦涉及个人利益,就会开始斤斤计较,患得患失。

政府对于民意的敬畏,能换来民众对于政府权威的敬畏。在公共管理中,敬畏远不止对政府权威的敬畏,它还包含了对整个社会的敬畏,这才是政府实现有效管理的基础,是一个社会长期良性发展的文化要求。

托马斯·卡莱尔说:"有什么样的人民,就有什么样的政府。"政府执政能力及理念,其实是整个社会公民素养的体现。一个缺乏理想、缺乏思想的社会,是难以孕育出高效卓越的政权的。换过来,我们也可以这样说,有什么样的制度和文化,就有什么样的人民。

在经济高速发展的过程中,社会上产生了一些浮躁风气和短视心态,有关位子、票子、房子、车子的话题混淆着人们对于理性价

匠心的逻辑

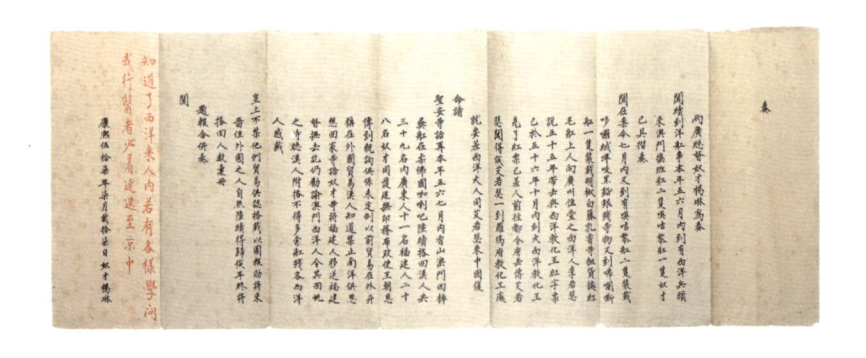

康熙皇帝朱批奏章　清代　广东省博物馆藏

田黄石乾隆帝三联印　清代　故宫博物院藏

第八章　匠心与管理

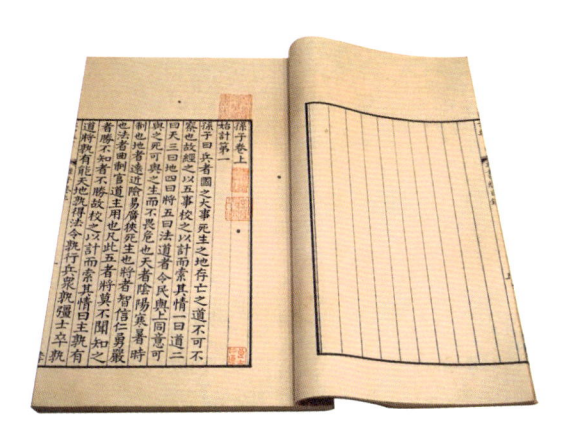

《孙子兵法》　春秋　孙武著

圣旨金牌　元代　蒙古历史文化博物馆藏

值观的理解，有些心怀理想的年轻人，一进入社会也很快"成熟"起来，将原先坚持的价值理想抛弃。中国不乏希望建功立业实现政治抱负的官员，也需要更多心怀救世济民理想的政治家。学界也有类似的情况，少数学者不甘寂寞，将学术争鸣演化为学术霸权之争。造成人们内心急躁、失衡的究竟是制度问题还是文化问题？

人们都说小企业，大社会。社会的情况如果不好，企业岂能独善其身？受社会大环境的影响，企业的管理也呈现出比较复杂的情况，有些员工的敬业度下滑，过于计较个人得失，缺乏工作主动性。

怎么办？在国家管理层面，要匠心地设计好国家的法律、法规和政策，弘扬好国家的文化主旋律，为社会持续向好发展培育好主力军。在企业层面，要匠心地设计好企业各项制度，包括设立科学的人才选用机制，完善以能力或绩效为导向的评价机制，最大限度地激发员工的创业热情和工作积极性。此外，企业还要塑造良好的企业文化，让员工有共同的价值观，有良好的团队精神。

无论是政府层面还是企业层面，无论是制度设计还是文化塑造，除了管理者的匠心，还需要管理者率先垂范，有能够令众人服膺的德行。管理者的德行主要体现在公正、尊贤、容众等方面，管理者的德行作风，往往决定了全体成员的精神风貌。

因为匠心而敬畏，因为匠心而敬业。

匠心，让管理变得简单而有效。

第九章

匠心与文明

金沙太阳神鸟

金沙太阳神鸟外径12.53厘米,厚度0.2毫米,重20克,金纯度94.2%,2001年出土于四川成都金沙遗址,现为该遗址博物馆的镇馆之宝。

金沙太阳神鸟画面是四只神鸟围绕着太阳飞行。内层是向外喷射出12道光芒的太阳,光芒按顺时针方向旋转,外层是4只首尾相接的神鸟,飞行方向与太阳图案的旋转方向相反。考古专家推测,内层12道等距离分布的如同月牙的光芒代表一年12个月,外层等距离分布4只神鸟代表一年的春夏秋冬四季。由此可推测古蜀发展到了较高的文明,已经掌握了年、季、月的概念及其规律。

金沙太阳神鸟图案是中国文化遗产标志原型,构图严谨,线条流畅,极富美感,是古人科学的想象力、非凡的艺术创造力和精湛的工艺水平的完美结合。

第九章 匠心与文明

一、匠心创造了人类文明

人类是高等动物，有灵巧的双手、复杂的语言和智慧的大脑，会制造和使用工具，具有能动地改造自然、促进社会形成与发展的本领，具有不同于一般动物的特点。但从另一个角度看，人和动物还是有很多共性，比如一些初级的生存需求，比如对于宇宙之中冥冥信息的感知。这些正好折射出人类文明早期的一些特点。

中国古代有诗句"宿鸟归飞急"，指黄昏的时候，鸟儿们着急寻找自己的巢穴。黄昏是鸟类同样也是早期人类情感最脆弱、最敏感的时候。因为脆弱和敏感，鸟儿学会了筑巢，人类也筑出了自己的"巢"，就是建筑房屋。蜜蜂也会筑巢，其精巧复杂程度往往为人类所赞叹，但只有人类用匠心所筑之"巢"——建筑，成了人类早期重要的文明成果。

为什么人类是在"黄昏"中创造了早期文明？真的是在"黄昏"吗？黄昏时分，日月更替，黑夜将临，白天被阳光赋予色彩的世界很快就要陷入黑暗之中。人们缺乏依靠，容易感到孤单、恐惧。远古人类，面对险恶环境，他们必须团结起来、一致行动，共同抵御生存威胁，抵御自身力量的薄弱和内心的孤单、恐惧。在这一征战过程中，人类的潜能得以发掘，他们找到了突破口，匠心独具地创造了建筑文明。

又比如，直到现在我们仍不清楚是什么原因会导致很多动物不会与自己的近亲进行交配。越是进化到高等级的动物，近亲交配常常会导致后代基因退化或者身体机能退化甚至早死。聪明的动物往往会采取各种方式避免近亲交配，动物这种能力可能是一种本能。人类可能比其他动物更早认识到，混乱的性关系无益于人类自身的繁衍与绵延。当人类文明发展到一定程度，便将同姓、近亲之间的婚姻列为文化禁忌，甚至以严格的制度约束。这样做的原因是人类具有匠心，而结果则是促进了人类体质的提升、生命的延长，更重要的是促进了不同文化圈的交流和秩序重构。

从人类发展史来看，人类从动物界脱离出来，由野蛮时代而进入文明时代，首先，一定伴随着智力的发展和生存能力的提升，其次是人类种群的壮大。建筑房子和避免近亲交配，正是人类种群发展壮大的两个关键。人类种群壮大了，人类才能提升生产力，生产力提升了，又能促进人类种群的壮大，形成良性循环。

人类文明也包括社会发展到较高阶段表现出来的社会形态。人类在匠心中创造了文明、发展了文明，并找到了社会缔结的有效方式。不只是因为人类有了区别于其他动物所特有的经济生活和文化生活，更是因为人类有了新的社会形态——国家。国家形态是从部落发展起来的社会形态。有了国家或类似于国家的政权，人类从此可以去协调各种不同的利益关系，建立一定的权威和秩序，制定一定的规范和制度，进而大大促进文明的发展。

第九章 匠心与文明

西安半坡遗址中的房屋基址

陕西石峁遗址中的城址

二、匠心发展了人类文明

如果说人类初创文明时，其匠心可能有一些偶然性，而进入文明社会后，匠心则成为人类文明发展的维纲。没有匠心，人类文明的发展不可能那么迅速、那么齐整；没有匠心，人类文明的发展就很难实现一次又一次的突破。

人类进入文明社会后，出于对自然、对生命、对神灵的敬畏，匠心地制定了各种祭典。世界上较早行使行政权力的人应当是巫师，他们掌握祭祀大权，负责和天、地、神、鬼、祖先沟通。国家形成后，历代皇帝都特别重视祭天、祭地、祭祖，因而后来有了天坛、地坛、日坛、月坛，有了南郊祭天、北郊祭地、泰山封禅等种种祭祀形式。

人类除了敬畏自然，还体悟到了自然的神奇，他们在敬畏中，希望追寻其中的规律，中国的八卦由此产生。八卦中，乾代表天，坤代表地，坎代表水，离代表火，震代表雷，艮代表山，巽代表风，兑代表泽，显然是一组关于自然的符号的集合。"无极生太极，太极生两仪，两仪生四象，四象生八卦，八卦生六十四卦。"八卦互相搭配可得六十四卦，用来象征各种自然现象和人文现象。我们今天面对八卦图，还能感知它背后隐藏的古人的敬畏和智慧，八卦亦文明，敬

第九章　匠心与文明

青铜神树　商周　三星堆博物馆藏

畏与智慧的结合即匠心。八卦，可以说是对各种自然现象内部联系的系统把握，是中国最早的自然哲学。

人类在迈进文明的门槛后，无数先贤用自己的匠心，使文明获得了大踏步的发展，产生了释家、儒家、法家、阴阳家等各种思想。这些思想被后世传播发展，为不同统治者所使用，化身为各种思想文化道德，用来统一民众思想，指导民众言行。这正如我们一般认为的，文化是人类所创造的物质财富和精神财富的总和，特指精神财富，而文明，指社会发展到较高阶段并具有了较高文化发展水平。

从人类发展历史来看，物质文明、精神文明、社会文明、政治文明相继发展，经济和文化的发展必然促进社会文明和政治文明的发展。政治文明可以说是人类文明的最高形态。人类文明的进程仿佛就是一场与敬畏的博弈，在匠心中前进。

当今提出的生态文明，遵循人、自然、社会和谐发展的客观规律，追求人与自然、人与人、人与社会和谐共生、良性循环、全面发展、持续繁荣，生态文明回归了文明的本源。匠心是文明发展的维纲，促使人们逐步探索着更适合的发展途径，生态文明，即是在这样的背景下提出来的。

三、匠心开创人类文明的未来

当人类还处于蒙昧阶段,求得生存和繁衍是主要任务,抵御来自自然的威胁和其他族群的侵犯,就成了他们意识里最紧绷的那根弦;进入文明社会,宗法、道德、伦理成为人们日常生活中的行为标尺。那么,到了现代社会,文明将向何处去?匠心,又可能起什么独到作用?

提到现代文明,我们想到的是经济、文化、科技已经相当发达,这当然是现代文明的基本面。我们知道,现代文明与前期的文明相比,出现了与社会发展新阶段相适应的新的政治体制、经济模式和文化内涵,民主、法治、自由、平等、公正、诚信等观念深入人心。其实,所谓现代文明,其核心要义就是社会发展到今天,有利于人类进一步繁荣发展的一整套制度和文化,它来自一代代人用匠心进行的总结和设计,为整个社会的有效运行建立了法治和德治基础。

法治的真正意蕴除了它具体的法治内容、人为的制度设计和安排,更在于法治的精神气质与性格,一种来源于整个社会的意愿、情感和诉求,既是自下而上的反映和表达,也是上下结合的决策与执行。正因为真正的法治关照了公众发自内心的愿望,它便具有神圣的权威性,能够唤起社会民众内心真诚的法治信仰。基于这种信

《道德经》（局部）　元代　赵孟頫书

仰，在现代文明社会里，理想、信念、法治和敬畏，便交织在一起，成为人们的匠心。

法安天下，德润人心，国家治理需要法治与德治协同发力。我们在新中国、新时代，可以从不同的角度批判中国历史上的文化与文明中的糟粕，但不得不承认，中国传统文化中是有非常多的优秀内容的，比如历史上社会地位较高的人多守道德、懂克制、惜名声。随着经济的高速发展，一些官员、学者、企业家，仿佛忘记了自己应有的文化教养和社会担当，甚至有违做人做事的基本规范，言谈举

第九章 匠心与文明

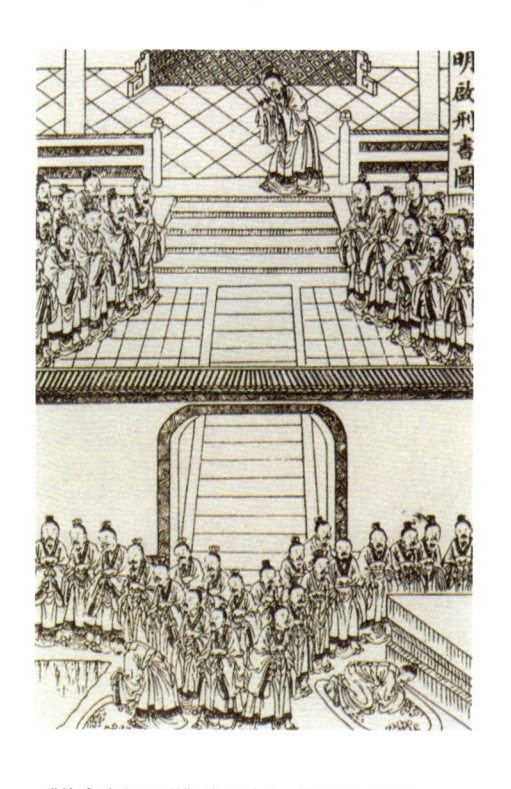

《钦定书经图说》卷四十七《吕刑》插图　清代

止时常有失"得体"。

"得体"介于审美和道德之间,是现代社会文明的体现。如果人们的言行不得体了,那么离失德也就更近了。德治,首先就是要让人得体。文化需要传承,"得体"作为一种高尚、高雅的为人处事标准,需要时间的沉淀和历练。

因此,现代文明社会的治国理政者,需要有很高的政治智慧,既要匠心地设计好法律、规章和制度,又要匠心地传承并发展好美德,让法治与德治相得益彰,现代文明的大厦才能永久地矗立。

四、匠心与承载人类文明的组织

人类迈进文明的门槛，建立了政权组织。政权组织又成了承载文明、促进文明进步的有力保证。过了很长很长的时间，承载人类文明的另外两个载体才出现，这就是企业组织和非政府组织。我们在前面花了一些笔墨阐述政府组织，这里先重点讲讲企业组织和非政府组织。

企业，是社会经济发展到一定阶段的产物，诞生至今也不到500年。企业这一组织形式，是人类匠心地设计政府组织这一形式后再一次匠心的设计。在古代，人们可能通过读书、入仕来实现个人的价值。在现代社会，很多人在企业中实现自我价值。对于现代人而言，企业不仅是一种可以获得酬劳、安身立命的组织，也是能激起创业激情、展示才华、磨炼意志、实现抱负的地方。

企业组织的匠心之处在于建立了一种将一次性博弈转化为重复博弈的机制，它是社会信誉的载体。现代社会更像是"陌生人社会"，企业作为人们经济活动的主要场所，在一定程度上约束了个体行为的随意性，出于对自身信誉的期待，它要求个体行为对它负责，也就是说，企业组织可能比个人更讲究信誉。

人们在设计了政府、企业甚至政党组织后，突然发现现代文明社会光有这几种组织是远远不够的，然后设计了非政府组织。非政府组织这一概念最初在1945年签署的《联合国宪章》中使用。非政府组织除了在国际活动的各领域里发挥着日益重要的作用，后来在各国内部也得到广泛应用。非政府组织是现代社会结构分化的产物，是人类发展现代文明的匠心的见证。相对于政府、企业、政党和教会等社会组织来说，非政府组织往往更具有公共性、公益性、民主性、开放性。

非政府组织，是一个自治程度很高的组织，它的行为受法律和公共制度约束。从功能角度讲，与政府组织企业组织相比，非政府组织比较类似于政府组织。可以预见，未来政府组织仍将是全球治理体系的主要角色，企业组织仍是社会经济发展的主要角色，这两样是不可动摇的。而非政府组织的兴起，在推动政治民主化、促进社会公平、缓解社会矛盾、促进经济伦理发展等方面发挥着重要作用，为了使人类发展能够朝着健康的方向演变，有必要进一步重视非政府组织的独特作用。

以上介绍了政府（非政府组织）、企业和公民之间交互影响的关系。在现代社会里，企业为我们源源不断地创造出财富，给予我们物质或者精神上的满足。企业，是人们匠心设计的成果，我们相信匠心必然会使企业更有力量、更有担当、更有智慧。笔者曾在《企业的智慧》提出了商商这一概念，希望政府治理、政党治理能借鉴企业治理的理念，用商商、用企业的智慧改变世界。

五、匠心与现代化

现代化的过程，是文明加速推进的过程，也是歧义丛生的过程。现代化的进程是不可阻挡的，是人类文明发展的必然，但也不是一帆风顺的。现代化，首先是关于秩序的反思和重新设计，在某个时段里，这种秩序的重新设计可能会带来一些混乱，或者引发新的矛盾。

历史上，人类文明向前迈进的每一步，都可能伴随着残暴与血腥。人类用匠心开创和发展了文明，而文明的发展，又常常以一定时期内某些价值的牺牲为代价。

不仅西方文明进程如此，中国的现代化进程也不可避免地存在着矛盾和冲突。比如，我们建设现代化的城区，难免要摧毁历史老屋，甚至因此破坏了文物古迹，总是与历史呈剑拔弩张之势；我们为发展工业而污染了环境，一度使清澈见底、游鱼成群的水景日渐稀少，城市的天空也经常布满了雾霾。

曾经很长一段时间内，我们一味否定和批判中国传统文化，认为传统社会所奉行的神治、德治、人治模式难以维系。甚至有人提出根据西方文明所崇尚的价值观来建立现代文明，从而设计出各种规范、条款、制度。这些人遗忘了我们的出发点和目的，为制度而制

第九章 匠心与文明

19 世纪蒸汽火车

21 世纪高铁

度，对某些不合理的因素漠然视之，认为它们存在就证明了其合理性。

在中国现代化的进程中，如果没有匠心，我们可能会一次又一次蒙蔽了自己的眼，也遮蔽了自己的心，习惯性地将"存在即合理"的观点用来解释社会现实问题，或者高举"文明"的大旗掩盖背后各种复杂的关系。

文明是不断发展的，现代化是不可阻挡的。越是现代化，我们越需要不断回到出发的源头，永远不停止思考，永远不放弃"匠心"。没有定于一尊的现代化模式，只有坚持从匠心出发，才能用"文明"的手段实现"文明"，才能成功实现现代化。

第十章

匠心与哲学

三教图

《三教图》描绘的是佛、道、儒三教创始人立于树下共同探究玄理的场景,为明代画家丁云鹏的想象之作,此画现藏台北故宫博物院。

画家凭借手中画笔,表达了自己对佛、道思想的膜拜以及对儒家学说的尊崇。丁云鹏擅长于佛像,加上佛教信徒的身份,他将释迦牟尼置于中心,端坐于菩提树下,法相庄严和善。两侧分画孔子与老子。

明代儒、道、佛三教开始融合,逐步淡化了三大教创始人的神圣性,被世俗地尊称为哲学家、思想家,宗教题材的绘画也随之发生了变化。此画人物造型古拙,有着鲜明的个性特征;山石树木勾勒添色,文静典雅,有一种静谧清淡的意境,体现了文人的审美情趣。

第十章 匠心与哲学

一、匠心与神

在中国,"神"是会意字。古字形由表示祭台的"示"和表示雷电的"申"构成。古人用"申"模拟天空中的闪电,认为它变化莫测,威力无穷。《说文解字》说:"神,天神,引出万物者也。"神是人类觉得自己无法企及的匠心之载体,即天地万物的创造者或主宰者。在科技水平、认识能力不够的古代,人们常以自身活动来观照宇宙万物,在日月星辰东升西落、春夏秋冬四季更替中,各种想象、各种推理,也融入了人的匠心与虔诚。

从人类已有的认知来看,宇宙中地球的存在是一个接近零概率事件,是谁的匠心?地球上存在生命,也是一个接近零概率的事件,是谁的匠心?地球上能诞生人,更是一个十分神奇、无限接近于零概率的事件,又是谁的匠心?

人类在自身发展过程中,凭借自己的智慧、能力,设计了有利于自身发展的科学、技术、制度和文化。但很多天才的科学家越研究越敬畏,最终转向神学,比如伟大的物理学家牛顿等。为什么呢?就是因为太多的偶然,太不可思议的、太过于匠心的宇宙法则,无法用人类的匠心来解释,在他们看来,唯一可以解释的就是宇宙的匠心、神的匠心。

比如中国的创世神话，以盘古开天地最为著名：天地混沌如鸡子，盘古生其中，万八千岁，天地开辟，阳清为天，阴浊为地。先民在敬畏、困惑中，居然创造出了阴阳太极学说，而当他们给宇宙赋予生命——认为它是卵生而来之时，神便成为了人类自身的投射。

人类创造神，与人类早期有很多无法解释的现象有关，他们以自己最熟悉的身体或者人类活动作为参照系统得出结论，这应当是当时人类最具匠心的创造。人们将对于外力的敬畏置换为以自身为投射的神的崇拜，人们匠心地塑造出与自然搏斗的神，更多的时候是在祈求神灵的保佑。比如，中国古代的先民们也会认为，来之不易的物产丰收不但是人事，更是天意。所谓"谋事在人、成事在天"，丰收，归根结底是上天的恩赐，喜获丰收的人们首先要感谢上天、感谢神。

神的诞生有什么意义呢？神是人创造的，回过头来可以说，神的本质就是人。自然是人类生存的基础，是人类敬畏且依赖的对象。当人们选择不同的自然对象作为依赖，也就创造出了众多的神。从人的立场把所依赖的对象想象成为像人那样，而后崇拜它，以获得生活的勇气和信心。这就是神，神的本质是人的本质的匠心化。

人类创造了神，创造了一整套关于宇宙的信仰、解释，神已然引导人们走向了秩序，走向了光明。当我们今天的认识已经能突破过去诸多局限的时候，不要带着轻蔑的眼光去否定过去人们匠心创造的神，那正是无数匠心的结晶。

第十章 匠心与哲学

敦煌莫高窟壁画《飞天》（局部）　唐代

河北石家庄毗卢寺壁画《三界诸神图》（局部）　明代

二、匠心与生命

人类是所有生命体中最神奇的，人的存在即是宇宙间最具匠心之事，人类文明史是人类自己用匠心创造的奇迹。自然界，等级较高的生物都有不同程度的对生命的敬畏，但人类对生命有不一样的敬畏，是有意识的敬畏。"畏"与"怕"不一样，畏包含令人尊敬的意思，怕则是退缩的意思，"怕"通常是针对某件具体的事或物，可以通过消除可怕之物来解决，而"畏"却不能通过消除所畏之物来解决。因此，我们经常会讲敬畏生命，没有人会说怕生命。

人类因为对生命的敬畏而构建并完善了伦理学。伦理学本是指人与人之间的关系的学问，如果伦理学止步于此，则是不完整的，敬畏一切生命才是伦理学的真正基石。在所有生命体中，敬畏生命的伦理，否认有高级和低级的、富有价值和缺乏价值的生命之间的区分，也只有当人类认为所有生命，包括人的生命和一切生物的生命，都值得尊重的时候，这时的伦理学才是真正的伦理学。创造伦理学无疑也是源于人类的匠心。

在一档电视节目里，一位老师对小朋友们进行性教育和生命教育。当老师为小朋友们播放教学片，告诉小朋友他们是从哪里来，给他们讲述胚胎形成、妊娠、分娩的过程时，很多小朋友哭了，孩子们

第十章　匠心与哲学

人头形器口彩陶瓶　仰韶文化　甘肃省博物馆藏

意识到了生命的伟大。那一天放学的时候，很多小朋友都充满感激地奔向自己的妈妈。儿童对于生命世界的感触是最敏锐、最本真的，他们显然经历了一个情感升华的过程，这种情感升华如此自然。这种本真的对生命的敬畏，上升到伦理学的高度，是人类的匠心创造。

人类对于生命的敬畏，应当来自于对自然的敬畏。大自然对于人类来说，不仅是物质的，也是精神的。今天的我们，在无边的空间与无限的时间面前的孤独感，与先人应该没有什么不同，我们依然能够感到一种无法言说的神秘力量存在。我们独自面对山川、面对河流、面对星空时，往往会产生对生命问题的思考，这种富有匠心的思考是人类特有的，生命的意义在这个过程中才能充分彰显。我们有时可能会想起童年听到的神话故事，恍然间，会觉得难道它是真的？

从古至今，无数的先贤们终其一生致力于生命意义的探究，他们的思想如同群星闪耀，指引了人类前进的方向，推动了社会的有序发展和人类文明的进步，形成了一整套规范。中国传统文化讲究"天人合一"，追求人与自然和谐相处，这应当是中国人对生命的独特理解和匠心贡献。考察人类发展史，我们可以从生命的相互联系中，看到人类只有不妄自尊大，敬畏一切生命，人类才能实现可持续的发展。

也许在宇宙自然间，在人类进化的历程中，最有效的延续生命的方式是伦理。"伦理"内在地包含着"匠心"的涵义，匠心是伦理世界里最基本的元素。

第十章 匠心与哲学

景泰蓝合卺杯　亚洲艺术品拍卖会

三、匠心与艺术

匠心一词的本意，侧重指向艺术或与艺术相关的领域。匠心中的匠，是指人们的艺术、技艺、技术；心，则是指人们的态度。艺术通过塑造形象来反映社会现实，但比现实更具典型性。在人们的思维和行为逐步融合的今天，艺术的种类和表现形式也越来越多样，现在，艺术的主要门类包括绘画、雕刻、建筑、音乐、文学、舞蹈、戏剧、电影等。

艺术来源于生活，而高于生活；来源于工艺，又高于工艺。艺术是感性的，而不是推理的；是体验的，而不是分析的。同时，艺术中的形象是有意味的形象，其创造不能离开理性思维。艺术品既是对客观世界的认识和映照，也体现着艺术家主观的理想、情感和价值观，饱含了艺术家的匠心。

对于真正的艺术家而言，生命的华彩在于以匠心激荡出动人的乐章，他们献身艺术的精神是常人无法理解、无法做到的。艺术就是他们的"宗教"，因为匠心成就的"宗教"。

人类匠心，创造了艺术。艺术之美让人流连，但艺术常常超越了人本身。比如很多中国古代青铜器的纹饰，在现实世界中并没有对应的动物，它们属于"真实地想象"出来的"某种物象"，为统

第十章 匠心与哲学

敦煌莫高窟 45 号窟菩萨像

北京法海寺壁画（局部）　　明代

治阶层服务。它们以超世间的神秘、带威吓性的动物形象，表示出统治阶级对自身地位的肯定和幻想。

各种文化跨界活动和交流日益频繁，艺术与其他领域的交流越来越多，艺术与其他领域之间的边界也逐渐模糊并拓展。如艺术和哲学看似不相关，其实它们的联系是非常紧密的。如果说哲学是智者的游戏，那么艺术则是爱美人士的生存方式。与发展哲学一样，人类匠心地创造了艺术，通过艺术，为内心的不安寻求一个归宿，从审美中得到解脱。艺术与宗教的关系看上去要密切一些，很多艺术得以流传都是因为宗教的需要。宗教似父母，艺术似孩子。艺术在童年时靠父母，艺术到了中年以后，宗教就管不着了。从这个角度讲，艺术是单身汉，它只有一个朋友，那就是哲学。

四、匠心与哲学

哲学是一门古老的学问，是一个伟大的学科。在中国，哲学可以理解为智慧。在西方，哲学发源于古希腊，从词源来理解，哲学是由两个古希腊词"爱"和"智慧"合并来的，所以哲学在西方统称"爱的智慧"。从哲学这个词的演化过程来看，哲学一直被古代人看作是人类最高智慧的结晶，到了今天，哲学不仅仅是一种智慧，而且是对待智慧的一种态度。

哲学作为探讨事物存在与发展最一般的规律的学问，是关于事物的最一般原理的科学。当前，哲学研究的一个新趋势，是把哲学与各学科进行交叉，并从这种研究中寻求当代哲学的生长点，从而形成哲学交叉学科，如科学哲学、技术哲学、艺术哲学、法哲学等。

学术界认为，思维与存在的关系，即意识和物质的关系是哲学最基本的问题。其实，哲学的最基本是人，哲学的最基本问题是人与世界的关系。哲学对人与世界关系的探究，集中地表现为对真善美的探究，综合起来看就是"在""真""善""美""人"。

哲学，使人类收获了智慧，拥有了发达的文明。前面我们讨论了匠心与神、匠心与生命、匠心与艺术的关系，在这个身心栖居之所，有人是栖息者，有人是创建者，创建者是别具匠心的。人类发

匠
心
的
逻
辑

"知行合一"铜壶　　赵秀林作品

展史告诉我们,只有艺术领域的群星闪耀是不够的。哲学以人为最基本,其宗旨就是促进人的全面发展。哲学的思维希望科学家不只献身他的科学,艺术家也不只献身他的艺术,而是能给别人带来更多美的享受,全面提升人的审美情趣。

相对于具体个人,艺术和哲学的区别仿佛有点像"大乘佛教""小乘佛教",艺术要普度众生,哲学在自我解脱。当你内心烦恼时,艺术让你获得美的享受,如果你进入了一种审美状态,你会发现烦恼减轻了,甚至消灭了。哲学给你讲一堆道理,如果不能自我解脱,你依然烦恼。这使得哲学更深刻、更高端、更精英化,就好像一个人在走一条前人没有走过的路,内心挣扎到极致,因而哲学比艺术更加需要匠心。

哲学,让人们找寻到了自身的价值,凸显了"人为自身立法"的气度。当人们数千年来苦苦思索着"人从哪里来,又往哪里去,活着有什么意义"这些问题却无法有统一的答案时,人类以自己的匠心发展了哲学。当匠心带领我们走向艺术这些抽象领域,我们又对哲学有了更多的思考。

匠心好像是一颗种子的内在生长力,使植物破土而出,在现实的世界中,找到阳光、找到水、找到养分。由此,匠心让人通向了艺术,通向了哲学,哲学的最基本是人,匠心使人成为真正的人。

结语

玉语匠心

和田白玉籽料诗文牌

中国老辈书法家重视学问，或书自作诗文，以见怀抱、宣性情；若书赠尊长友朋，则精择雅言，意在合乎对方之身份。著名书法家、书法教育家欧阳中石先生书「鹤鸣九皋，声闻于天」，语出《诗经》，当属后者。其书碑版融合行草，点画遒劲流美，结构疏密相映，为精心之作。

藏者为永宝之，挑选优质和田白玉籽料，该籽料结构致密，十分温润，符合中国人以玉比德的文化传统；其色白，但非惨白，而是一种含蓄的白，符合中国人的审美情趣。

中国工艺美术大师苏然巧妙构思，在玉牌的一面精心雕琢了书作，原作之精妙跃然玉上；在玉牌顶部精心雕琢两只灵动的鹤，双鹤引吭高歌，切合书作内容；牌的另一面则为素面，呈现玉质之美。

此玉牌诚为书法艺术与玉雕技艺完美结合的匠心之作。

结语 玉语匠心

与"匠"相关的词汇，有两个比较对立的词，一是"匠气"，一是"匠心"。这种对立，正好表明我们对匠人和艺术家的复杂心态。

匠气的本意，是对某种技艺的感观效果描述，如对器物、对建筑等的描述。匠心的本意，是指能工巧匠的用心和创意，常引用为文学艺术方面的创造性构思。匠气一词，对工匠来说，本身并不是一个贬义词。但当匠气一词用于对文化艺术作品的品评时，往往被认为过于四平八稳，缺乏创新，缺乏灵气。

比如，中国画作被称为有匠气，是指作画者能运用熟练的绘画技巧，以精湛的笔触进行绘画，作品甚至"惟妙惟肖"。但很多艺术家，特别怕被贴上匠气的标签，现在连一些匠人，特别是一些工艺大师们，也怕被贴上匠气的标签，可见大家对匠气唯恐避之不及。

其实匠气不是老虎，于器物制作而言，匠气实为必需，于艺术品、文学作品而言，或应尽量避免，但匠气是匠心的基础。匠气是一种功力，匠气都做不到，何来匠心呢？

在中国历史上，很多优秀的匠人，都是优秀的艺术家。如敦煌莫高窟和洛阳龙门石窟的一些雕塑作品，线条惟妙惟肖，色彩美轮美奂，都是当时没留下姓名的工匠创作的，这些匠心独具的作品很多堪称伟大的艺术品，你能说这些作品匠气吗？能说这些没有留下姓名的工匠们不是伟大的艺术家吗？

又如，古代没有书法家一说，书法是文人的基本技能，"书为小道"，可见书法在古人眼里不是一门独立存在的艺术。古人心目

河南洛阳龙门石窟卢舍那大佛

中的"大道"是安邦之道，这是需要用思想来表达的，文章是思想的载体，而书法只是书写文章的方式。过去的官员、文人，书法都是不错的。当下，中国很多高学历、高职称人士，已经不是传统意义上的文化人了，他们文章写作水平、汉字书写水平都一般。而一些专业"书法家"，文化艺术修养并不深厚，我们只能看到书写者的"技"，却看不到他们的"文"。

古人说"先器识而后文艺"，这里的器识，本是指器度和见识，我觉得不如作"器物形识"新解，指匠人的基本功夫、基本技能。一个工匠的技艺好，才能称之为有匠气，有匠气是很了不起的第一步，艺术家亦如此。后文艺，就是在良技的基础上加上文的浸染，才能技艺相合相生，达到精妙高雅的境界，这时才会脱离匠气，达到匠心的境界。

再如，近年来我们倡导大国工匠精神，工匠精神的本质不只是技

结语　玉语匠心

术，还包括匠心。曾几何时，中国工匠精神在退化，急功近利思想疯长。这几十年的城市建设千篇一律，小商品、旅游纪念品堆积如山，大同小异，缺乏美感，就是证明。优秀工匠最典型的气质，是对自己的技艺有着近乎严苛的自尊，力争精益求精、尽善尽美。这样，匠人才能匠心独具，真正创造出艺术品级的器物。随着社会的发展，工匠精神正在不断重塑，匠心回归的呼声越来越高。

匠心的回归，让我们更加本真，更加理性，更加智慧。人类发展进程中，匠气是基础，是基本功，科学、技术、文化、艺术、工艺的发展，多数时候、多数人，能做到匠气就值得点赞了。匠心，不是冥思苦想出来的，匠心，是匠气十足、融会贯通后天才的灵光闪耀。相信随着匠心的回归，无论是作为人本存在的生命个体，还是人文存在的社会整体，大家会达成共识：匠气，是人类文明持续的常态；匠心，则是人类文明发展史上那天才般的一跃。

《秋深蟹肥时》紫砂摆件　　黄旭峰作品

为匠人立传、为匠气正名、为匠心喝彩，这是本书写作的初心，书稿构思时拟书名为《玉言匠心》。初稿完成后，中国书协副主席、首都师范大学叶培贵教授建议书名调整为《玉语匠心》，并赐题书名。我请研究员级高工黄旭峰特做玉语匠心景舟石瓢一把，以致谢忱，以作纪念。即将付梓之际，中国文联出版社社长尹兴、本书责任编辑张超琪建议再斟酌一下书名。我说：《匠心的逻辑》可否？他们欣然选定。

逻辑是一个音译词，指思维的规律和规则。从匠人到器物，从器物到文化，从匠气到匠心，皆有规则，皆有规律。本书主要谈匠心的初心、本质、价值和规律，所以书名定为《匠心的逻辑》应当是合适的。尹兴社长讲这个书名不仅大气、文气，也洋气，诸君以为然否？

贾麦明、李碧虹、冉毅教授审读了书稿并提出了许多有益的建议。我的同事们为本书的史料校对，文字核校、排版设计等做了大量工作。在此，一并致谢。

结语　玉语匠心

《玉语匠心》石瓢紫砂壶　　黄旭峰制壶　叶培贵书款